한국어 수량 표현 연구

한국어 수량 표현 연구

채 옥 자

역락

머리말

　최근 形式文法 연구에 대조되는 언어 연구 방법론으로 부상하고 있는 機能 중심적 언어 연구 방법론은 언어의 형태(구조)와 의미(기능) 사이의 관계를 연구함에 있어서 언어의 의미(기능)에서 출발하여 형태(구조)를 연구하는 접근법을 택하고 있다.

　文法이란 넓은 의미로는 언어현상에 內在해 있는 일정한 規則의 體系를 가리키고 좁은 의미로는 형태론과 통사론이라는 문법론의 연구 分野를 가리킨다. 그러므로 文法範疇 역시 넓은 의미로는 형태적 층위, 통사적 층위뿐만 아니라 음운적 층위와 어휘적 층위 및 화용적 층위를 모두 포함한 언어 전반에서 실현되지만 좁은 의미로는 형태적 층위와 통사적 층위에서만 실현되는 범주이다. 하지만 넓은 의미든 좁은 의미든 문법연구의 대상은 문장을 형성하는 規則이 되며 결국 그 규칙의 형식적 측면과 내용적 측면이 될 것이다.

　언어를 記號의 체계로 보는 경우, 언어의 規則이라고 하는 文法은 문법현상의 記表(signifiant)와 記意(signifié)의 상관관계로 양분된 것이라 할 수 있고, 문법현상의 形式(시니피앙)과 內容(시니피에)의 대응관계로도 볼 수 있다. 따라서 문법연구는 이런 문법의 형식적 측면과 내용적 측면의 複雜한 對應關係를 밝히는 언어 연구의 한 분야라고 할 수 있다.

　文法 硏究의 目的은 인간 언어의 문법의 형태(구조)와 의미(기능) 사이의 관계를 밝히어 내는 것이다. 최근 들어 언어학의 지평이 넓어지면서 문법 연구는 통사구조, 기능－의미, 의미－화용, 인지론적 해석 등과 같

은 考慮가 중요한 要素로 자리하고 있다. 이러한 문법 연구도 그 목표는 어디까지나 언중의 理解와 表現을 중심으로 하는 언어 驅使를 위하여 즉 의사소통을 위해 언어현상에 내재해 있는 규칙·정보의 集合을 밝혀내는 것이라 할 수 있다.

이런 문법 연구의 窮極的인 목적에서 알 수 있듯이 문법 연구에 있어서 두 가지 연구방법론 즉 형식에서 출발하여 내용에 다가가는 접근법과 내용에서 출발하여 형식에로 다가가는 접근법 모두 必須的이다. 이두 가지 접근법은 서로 排他的인 관계가 아닌 相互補完的인 관계에 있어문법현상의 本質을 파악할 수 있도록 한다.

이 책은 바로 내용에서 출발하여 형식에로 다가가는 접근법 즉 의미론적 접근법(표현론적 접근법)으로, 수량범주를 연구 대상으로 삼고 한국어의 여러 언어 층위에서 나타나는 수량 표현의 양상을 기술하고 분석하는 것을 목적으로 하였다.

수량범주의 표현은 모든 언어에서 나타나는 보편적인 현상이나 그 구체적인 표현 단위나 형식에 있어서는 개별 언어의 특성에 따라 상이하게 실현된다. 한국어의 경우 수량범주의 표현은 형태소로부터 어휘, 구나 절에 이르기까지 다양한 단위로 나타나며 통사적으로 매우 다양한범주에 걸쳐 나타나고 있다. 이런 수량범주를 기존의 한국어문법 연구에서는 문법 내에서 수사, 분류사, 수량사, 양화사 등으로 한정시켜 주로통사론적으로 다루어 왔었는데 이 책에서는 시각을 달리하여 의미론적범주의 차원에서 한국어의 수량범주의 표현 양상을 검토함으로써 한국어에서 수량범주는 양태범주, 공간범주, 시간범주 등과 같은 의미문법연구의 일환으로 자리매김할 수 있음을 제기하였다.

이 책에 실린 내용의 반 이상은 이미 발표한 논문을 토대로 그 내용을 수정 증보한 것이고 일부는 새로 쓴 것이다. 따라서 매 한 개 장절에 해당하는 내용은 한 편의 논문 체계를 가지게 되나 다섯 개 장절로 구성되고 있는 책의 체계성은 미흡하다. 의미범주인 수량범주의 표현 양상은 워낙 복잡하고 다양하여 한 연구에서 모두 제기될 수 있는 범주가 아니기도 하다. 다만 이 책의 다섯 개 장절은 수량이라는 의미범주를 둘러싸고 논의된 내용으로, 거시적으로 문법연구의 방법론인 의미론적 접근법을 비롯하여 수량범주의 특성과 체계 및 표현을 논의하였고 미시적으로 한국어 주관적 수량 및 동작단위사(분류사) 등을 논의하였으며 마지막에 유형론적으로 분류사 언어에 속하는 한국어와 중국어의 분류사 범주를 대조분석 하였다.

이 책이 나오기에 이르러 많은 분들께 감사의 마음을 전하고 싶다. 특히 지도교수이신 이병근 교수님께서 전임이 된 저에게 '좋은 논문을 쓰세요.', '봉사하세요.'라고 하신 말씀의 뜻을 이제 좀 알 것 같아 더없이 고마운 마음이다. 그리고 현재까지 필자에게 가르침을 주신 많은 선생님들과 선후배 동료 학자 및 학과 선생님들에게도 일일이 감사의 말씀을 남기고 싶다. 항상 버팀목이 되어주는 남편과 딸 그리고 부모님을 비롯한 사랑하는 가족의 믿음과 도움이 있어 연구에 전념할 수 있었다. 늘 고마운 마음이다.

끝으로, 경제성 없는 책의 출간을 허락해 주신 역락 출판사 이대현 대표님과 편집부 선생님들께 감사의 말씀을 전하고 싶다.

차례 CONTENTS

제1장 한국어 문법의 의미론적 범주

1. 머리말

韓國語 文法 研究의 논의를 살펴보면, 文法範疇를 논의함에 있어서 傳統的인 文法範疇 위에 넓은 의미의 文法範疇라는 상위 개념범주를 두고 廣義의 개념으로 논의를 펼치는 경우를 가끔 보게 된다.[1] 이런 경우에는 印歐語에 기반을 둔 文法範疇의 내용적 측면[2]이 한국어에서는 문법적 층위 즉 형태적 층위와 통사적 층위에서만 實現되는 것이 아니라 어휘적 층위나 음운적 층위를 포함한 언어의 여러 층위에서 다양한 형태로 實現되는 경우가 있다. 그리고 흔히 樣態범주, 指稱범주, 時間범주, 數量

---

[1] 예컨대, 권재일(1991 : 52)은 '문법범주'를 문법적 관념을 표현하는 모든 범주를 다 포함하는 포괄적인 의미로 받아들이고 굴곡범주로 실현되는 관념뿐 아니라 다른 층위에서 실현되더라도 그것이 문법적 관념의 표현이라면 문법 범주에 포함될 수 있음을 언급하였다.

[2] 문법의 내용적 측면은 흔히 의미나 기능이라고 하는 것이 일반적이나 정확하게 말하면 의미나 관계라고 할 수 있다. 이에 대하여서는 3장에서 구체적으로 다루기로 한다.

범주 등에 대해서는 의미적 범주 또는 개념적 범주라고 일컬어 논의하고 있음을 볼 수 있는데 이러한 범주의 實現 역시 동사의 굴절로만이 아니라 어휘, 통사론적 구성, 구 등과 같은 다양한 언어 형태로 實現된다.

그렇다면 韓國語 文法 체계에서 기존의 전통적인 文法範疇 보다 상위의 하나의 범주를 세워야 하지 않을까 하는 문제를 생각하여 볼 수 있다. 이는 다시 말하면 문법의 形式과 內容의 관계를 연구함에 있어서 기존의 形式에서 內容으로 다가가는 접근법과 달리 內容에서 출발하여 形式을 연구하는 접근법이 가능하지 않을까 하는 문제와 관련된다. 실제로 지금까지 국어 문법 연구에서는 의미나 기능을 출발점으로 하는 접근법을 이용하여 傳統的 분석에서와는 다른 통찰력을 꾀하고자 한 연구도 있다. 특히 최근 形式文法 연구에 대조되는 언어 연구 방법론으로 부상하고 있는 機能 중심적 언어 연구 방법론은 언어의 형태(구조)와 의미(기능) 사이의 관계를 연구함에 있어서 언어의 의미(기능)에서 출발하여 형태(구조)를 연구하는 접근법을 택하고 있다.

이와 같은 問題意識을 가지고 본 연구에서는 韓國語 文法 연구에 있어서, 內容的 측면에서 形式으로 다가가는 의미론적 접근법 연구에 대하여 검토함으로써 이런 방법론적 연구의 當爲性과 그에 따른 의미문법의 의미론적 범주 設定의 必要性을 논의하고자 한다. 이런 목적으로 우선, 문법 연구의 目的, 문법의 형식적 측면과 내용적 측면의 關係, 문법 연구의 두 가지 접근법의 관계 등에 대한 논의를 통해 文法연구에 있어서 意味論的 접근법으로 다가가는 연구의 필요성을 강조하고 다음, 형식문법과 의미문법의 區分 및 兩者의 관계에 대한 논의를 통해 의미문법 범주는 형식문법 범주와 마찬가지로 독립적인 특성을 가짐을 논의함으로써 의미문법의 獨立性을 주장하고 마지막에 의미론적 범주의 體系를 세워보고자 한다.

2. 意味論的 접근법의 文法 研究

文法이란 넓은 의미로는 언어현상에 內在해 있는 일정한 規則의 體系를 가리키고 좁은 의미로는 형태론과 통사론이라는 문법론의 연구 分野를 가리킨다. 그러므로 文法範疇 역시 넓은 의미로는 형태적 층위, 통사적 층위뿐만 아니라 음운적 층위와 어휘적 층위 및 화용적 층위를 모두 포함한 언어 전반에서 실현되지만 좁은 의미로는 형태적 층위와 통사적 층위에서만 실현되는 범주이다. 하지만 넓은 의미든 좁은 의미든 문법연구의 대상은 문장을 형성하는 規則이 되며 결국 그 규칙의 형식적 측면과 내용적 측면이 될 것이다.

언어를 記號의 체계로 보는 경우, 언어의 規則이라고 하는 文法은 문법현상의 記表3)(signifiant)와 記意(signifié)의 상관관계로 양분된 것이라 할 수 있고, 문법현상의 形式(시니피앙)과 內容(시니피에)의 대응관계로도 볼 수가 있다. 따라서 문법연구는 이런 문법의 형식적 측면과 내용적 측면의 複雜한 對應關係를 밝히는 언어 연구의 한 분야라고 할 수 있다.

2.1. 文法 研究의 目的

文法 研究의 目的은 인간 언어의 문법의 형태(구조)와 의미(기능) 사이의 관계를 밝히어 내는 것이다. 최근 들어 언어학의 지평이 넓어지면서 문법 연구는 통사구조, 기능-의미, 의미-화용, 인지론적 해석 등과 같은 考慮가 중요한 要素로 자리하고 있다. 이러한 문법 연구도 그 목표는

---

3) 시니피앙(signifiant)에 대하여 『표준국어대사전』에서는 '記標'라는 한자어로 대응시켰으나 이병근(2000 : 9)에서는 사전은 어휘항목의 '記表(signifiant)'와 '記意(signifié)'의 상관관계로 양분된 것이라 할 수 있음을 밝히면서 '記表'로 적고 있는데 본고에서는 이를 따르기로 한다.

어디까지나 언중의 理解와 表現을 중심으로 하는 언어 驅使를 위하여 즉 의사소통을 위해 언어현상에 내재해 있는 규칙·정보의 集合을 밝혀내는 것이라 할 수 있다.

이런 문법 연구의 窮極的인 목적에서 알 수 있듯이 문법 연구에 있어서 두 가지 연구방법론 즉 형식에서 출발하여 내용에 다가가는 접근법과 내용에서 출발하여 형식에로 다가가는 접근법 모두 必須的임을 알 수 있다. 이는 문법서를 왜 써야 하고 어떤 사람의 立場에서 기술해야 하는가와 같은 문법서 편찬의 動機와 必要性 등과 같은 문법연구의 當爲性에서도 찾아볼 수 있다.

한국어 문법을 연구하여 현대적 의미의 국어학을 건설한 주시경(周時經, 1876~1914)은 「국문론」(1897)에서 이렇게 적고 있다.

> 엇던 사롭이던지 남이 지여노은 글을 보거나 내가 글을 지으랴 ᄒ거나 그 사롭이 문법을 몰으면 남이 지여 노은 글을 볼지라도 그 말뜻에 올코 글은 것을 능히 판단치 못하는 법이요 내가 글을 지을지라도 능히 문리와 경계를 올케 쓰지 못하는 법이니 엇던 사롭이던지 몬져 말의 법식을 비화야 홀지라
>
> <국문론, 독립신문 제2권 제47호, 1897.4.22.>

문법 연구의 效用性을 논의한 주시경의 이 글에서 우리는 문법 연구는 '글을 보는 사람'과 '글을 짓는 사람'을 위하여 행해져야 함을 알 수 있다.

프랑스 언어학자 브뤼노(1922)는 '言語와 思考는 상호 보완적이며, 한 언어를 배움에 있어서 그 언어를 理解할 줄 알아야 할 뿐 아니라 그 언어로 表現할 줄도 알아야 할 것이다. 그런데 흔히 문법은 이해의 측면만

고려하고 표현의 측면을 소홀히 하는 경우가 많다. 따라서 한계가 있다'고 하였다.[4]

중국의 呂叔湘(1942)는 이런 관점을 독창적으로 발전시켜 두 가지 접근법으로 중국어 문법을 기술하였는바, 상권의 '詞句論(단어와 구)' 부분은 형식에서 의미에로의 접근법으로 이루어졌고 하권 '表達論(표현론)'의 부분은 의미에서 형식에로의 접근법으로 이루어졌다.[5]

여기에서 우리는 문법 연구는 두 가지 접근법 즉 이해하려는 사람(말을 들으려 하는 사람이나 글을 보려는 사람)을 위해서는 형식으로부터 내용(의미나 기능)에로의 접근법으로, 표현하려는 사람(말을 하려는 사람이나 글을 지으려는 사람)을 위해서는 내용으로부터 형식에로의 접근법으로 다가갈 수 있음을 알 수 있다.

지금까지 한국어 문법 연구 역시 이러한 두 가지 접근법으로 이루어져 왔다. 다만 전통문법의 影響을 다분히 받은 한국어 문법연구는 이 두 가지 접근법 중에서도 주로 형식으로부터 의미에로의 접근법으로 행해진 연구가 대부분이라고 할 수 있다.

한편, 국어 교육의 문법 교육에서 보면, 敎科 이름으로는 주로 '文法'이라는 명칭이 사용되었으나 領域 이름으로는 '언어지식', '국어지식' 등이 사용되었다. 즉 '문법교육'이라는 用語 대신 '國語 知識 敎育'이라는

---

4) 邵敬敏(2007 : 18) 참조(한국어로는 필자가 번역했음).
5) 呂叔湘(1942)에서 상권 '詞句論(단어, 구)'은 주로 문법체계를 세워 字와 詞, 詞의 분류와 결합, 서사문, 양문, 판단문, 존재문, 문장과 단어결합의 전환, 복합문, 통사구조의 변화 등을 다루었고 하권 '表達論(표현론)'은 표현론 범주와 표현론 관계로 나누고 '범주' 부분에서는 수량, 지칭, 시간, 긍정/부정과 허실, 믿음과 의심, 행동과 감정 등을 다루었고 '관계' 부분에서는 離合과 向背, 異同과 高下, 同時와 先後, 원인(釋因)과 효과(紀效), 가설과 추론, 용서(擒縱)와 부각(襯托) 등 내용을 다루었다. 중국어학계에서는 이를 바탕으로 특히 語義語法 즉 기능-의미론적 문법 연구가 활발히 이루어졌다(陸儉明(2010), 邵敬敏(2007), 胡明(1992), 馬慶株(1998) 등이 있다).

용어를 사용하면서 종래 통사론 중심의 내용을 대폭 擴大하여 교육적인 가치가 좀 더 확보된 의미 있는 내용들을 도입하고 있다. 결국 국어 교육에서 '문법'이라는 용어는 현재 이 말이 원래 가리킬 수 있는 내용보다 한결 확대된 외연을 가지게 된 것이다(김광해 2008 : 20-21 참고).

이로부터 알 수 있는바 한국어 문법 연구에 있어서 형식적 접근법과 내용적 접근법은 모두 필요하며 문법현상의 本質을 파악하기 위해서는 두 가지 접근법으로 연구해야 할 필요가 있다. 그것은 문법 연구의 이 두 가지 접근법은 서로 排他的인 관계가 아닌 相互補完的인 관계에 있기 때문이다.

2.2. 문법의 形式的 측면과 內容的 측면

言語 연구에서 무엇을 중요시하느냐 하는 기본적인 입각점에 따라 언어에 대한 접근을 '형식적 접근'과 '기능적 접근'으로 나누어 볼 수 있듯이 문법 연구에서 무엇을 중요시하느냐 하는 기본적인 態度에 따라 문법에 대한 접근 역시 '형식적 접근'과 '내용적 접근'으로 나누어 볼 수 있다.

전통적인 한국어 문법 연구에서와 같이 형식(형태나 구조)에서 출발하여 내용(의미나 기능)에로 다가가는 연구를 形式文法이라고 하고 그 접근법에 대하여 '형식적 접근법'이라고 한다면 내용(의미나 기능)에서 출발하여 형식(형태나 구조)에로 접근하는 방법론에 대해서는 '기능적 접근법' 또는 '표현론적 접근법6)'이라고 하는 경우가 있다. 그런데 문법 현상의 내용

---

6) 박진호(2011)에서는 구조/형태로부터 의미/개념으로의 접근법을 해석론적 접근법 (semasiological approach), 의미/개념으로부터 구조/형태로의 접근법을 표현론적 접근 법(onomasiological approach)이라고 하였다.

은 본질적으로 의미나 기능(관계)을 나타내므로 본고에서는 '의미론적 접근법'이라고 하고 의미론적 접근법으로 이루어지는 문법 연구는 '意味文法'이라 하며, 그 범주는 形式文法의 '文法範疇'와 구별하여 '意味論的 範疇'라고 규정하고 논의를 펼치고자 한다.

　문법 현상의 內容에서 形式에로 다가가는 연구방법을 '의미론적 접근법'이라고 한다면 문법 내용의 範圍를 어떻게 잡을 것인가가 核心 문제가 될 것이다. 흔히 문법 현상에 있어서 형식은 형태나 구조가 되고 내용은 의미나 기능이 된다. 기능의 개념에 대하여, 임홍빈・장소원(1995 : 111)에서는 '기능'이란 주로 통사적인 성질이라고 바꾸어 말할 수 있는데 어떤 단어가 한 문장 안에서 다른 단어와 어떤 관계를 가지느냐가 그 단어의 통사적인 성질이자 기능이라고 하였고 구본관(2010 : 182)에서는 기능이란 어떤 단어가 주어, 서술어 등으로 쓰이는 양상과 체언을 수식하거나 용언을 수식하는 등의 수식 관계 내지 분포 관계를 포함하며 '기능'은 다시 문장에서의 역할을 지칭하는 좁은 의미에서의 '기능'과 문장에서의 위치를 지칭하는 '분포'로 나눌 수도 있다고 하였다. 한편 김의수(2004)에서는 문법기능은 통사기능과 의미기능을 아우르는 개념으로, 통사기능은 단어의 문장 내에서의 지위와 역할을 의미한다고 하였다. 본고에서는 '기능'의 의미를 기존의 개념보다 더 포괄적인 의미로 즉 조사나 어미와 같은 문법형태들이 단어와 단어의 관계나 구와 구의 관계를 나타낼 경우 그 관계적 의미로 보고자 한다. 이런 의미와 기능으로 이루어지는 문법 내용을 보면 기능은 통사적 기능만이 아니고 의미는 어휘적 의미나 화용론적 의미가 아닌 것으로 복잡하고 다양하여 규정하기가 어려운 부분이 있는 것만은 사실이다. 구체적으로 보면, 문법의 내용적 측면은 문법 현상의 형식이 나타내는 의미적 측면으로, 문법을 넓은 의미로 볼 경우 전통문법의 형태론과 통사론에서 문법 형태나 문법 구조에 의해 실현되는 문법의미와 문법기능을 포함할 뿐만 아니라 음운과 어휘의 층위에서 실현되는 문법의미도 포함된다. 그러므로 그동 안 '문법 범주'를 논의하면서 포괄적으로 잡았던 문법 범주의 문법 내용 도 포함된다.

기존연구에서 이와 비슷한 논의를 살펴보면, 허웅(1981 : 254-255)에서는 문법 형태인 어미의 의미를 '문법적 뜻'이라고 규정하고 '어휘적 뜻'(lexical meaning)에 비해서 '문법적 뜻'(grammatical meaning)은 '순수한 관계 개념과 같은 매우 추상적인 사실을 나타내기도 하고, 때로는 낱말의 어 휘적 뜻 이외의 상황을 나타내기도 하고, 경우에 따라서는 말할이의 감 정이나 의지를 나타내기도 하는 따위, 매우 복잡하고도 추상적인 뜻'을 말한다고 하였다.

한편 권재일(1991 : 52)은 '문법범주'를 문법적 관념을 표현하는 모든 범 주를 다 포함하는 포괄적인 의미로 받아들이고 '문법적 관념'이란 '언어 활동이 이루어지는 환경 사이의 관계' 즉 '화자가 청자에 대해서 가지는 관계, 화자가 언어내용에 대해서 가지는 관계, 언어내용 안에서의 여러 요소들의 관계' 등이라고 하였다.[7] 한마디로, '문법적 뜻'과 '문법적 관 념'이라는 개념은 모두 굴곡 중심의 '문법범주'와 동일한 개념으로 논의

---

7) 권재일(1991 : 52)에서는 '언어활동이 이루어지는 환경 사이의 관계'를 문법적 관념의 표현으로 보고자 한다고 하였다. '언어활동이 이루어지는 환경에 나타나는 요소들은 화자, 청자, 전달되는 언어내용, 그리고 시간과 공간이다. 전달되는 언어내용은 구체 적으로 문장으로 실현된다. 따라서 언어활동이 이루어지는 환경 사이의 관계에는 화 자가 청자에 대해서 가지는 관계, 화자가 언어내용에 대해서 가지는 관계, 언어내용 안에서의 여러 요소들의 관계 등이 있을 수 있다. 이러한 여러 관계들이 문법적 관념 을 표현하는 것으로 보고자 한다.'고 하였다. 그리고 '화자가 청자에 대해서 가지는 관계'라는 것이 하나의 문법적 관념을 이룰 수 있는데 이것을 '의향법'이라는 문법범 주로 설정할 수 있다고 한 것으로 보아 문법적 관념과 문법적 관념의 표현을 동일시 하고 있다. 즉 '문법적 관념', '문법적 관념의 표현', '문법범주' 등 개념을 구분하지 않고 있다.

하고 있음을 알 수 있다.

본 연구에서는 문법 내용을 기존 논의의 어미가 나타내는 문법적 의미를 포함하면서 보다 넓은 의미의 포괄적인 것으로 잡고자 하는 바, 문법적 형태(조사와 어미), 문법적 성분, 형태구조, 통사구조, 문법적 억양 및 문법적 변화 등이 가져다주는 의미적인 개괄이라고 규정하고자 한다. 이러한 문법 내용은 언어의 음운적 층위, 어휘적 층위, 형태적 층위, 통사적 층위, 화용적 층위 등 다양한 층위에서 문법 형식으로 실현된다. 따라서 문법 내용은 기존의 '문법적 의미(문법적 형태가 나타내는 의미)', '문장 의미', '문법적 뜻', '문법적 기능(문장성분의 통사론적 기능)' 등을 모두 포괄하는 개념이 되며 어휘에 의해 실현되는 어휘적 의미와 달리 문법형식에 의해 실현되고 상호 大別되기도 하고 對立되기도 한다.

문법 내용은 작게는 문법형태소의 문법적 의미, 문장성분의 통사적 기능, 형태구조의 파생, 합성과 같은 규칙의 의미, 크게는 문장의 서법과 양태, 문법적 형태로 나타내는 시간적 의미인 '시제', 어휘를 '지칭'이라는 의미기능으로 연구할 경우의 '지칭' 등이 된다. 한편 '시간범주', '수량범주', '공간범주' 등 범주의 '시간', '수량', '공간'과 같은 의미 역시 문법 내용이 될 수 있다.

또한 문법 내용은 어휘적 의미, 화용적 의미와 區別된다. 語彙的 의미는 단어의 槪念的 의미가 되지만 문법 내용의 의미는 단어의 의미소 중에서 어느 한 意味資質로 명명될 수 있으며 槪括的이고 抽象的이다. 예컨대, '피동'이라는 단어의 의미는 '남의 힘에 의하여 움직이는 일'이라는 사전적 의미로 '마을 사람들도 나의 고통스러운 피동의 입장쯤은 바라보고들 있는 모양이었다. ≪송영, 투계≫(표준국어대사전)'와 같이 쓰이지만 '피동'이라는 문법 범주의 내용적 측면은 '주체가 다른 힘에 의하여 움직이는 성질'이라는 의미적 특성이다. 이런 피동 현상이 나타난 문장은 피동문이 되고 한편 피동 현상이 문법 범주라는 점을 강조하면 피동법이라 할 수 있다.

이러한 문법 내용은 문맥(화맥)과 관계되는 화용적 의미와도 다른 것으로, 문법 형식의 檢證을 받아야 하며 文法 形式과 文法 內容은 相互補完的 關係에 있으며 문법 형식은 문법 내용을 나타내고 문법 내용은 문법 형식을 뒷받침하게 된다. 다시 말하면 문법 내용은 형태구조나 통사구조에 영향을 주고 決定的 역할을 하는 동시에 그 표현에 있어서는 형태구조나 통사구조의 制約을 받게 된다.

그런데 문법 형식과 문법 내용의 관계는 一對一 대응관계뿐 아니라 一對多, 多對一 관계도 있을 수 있기 때문에 언어 규칙인 문법의 내용은 형태적 층위와 통사적 층위에서뿐 아니라 음운과 어휘를 포함한 언어 전반에서 실현되는 경우가 있다. 이러한 경우를 형태론과 통사론에 한정시키면 문법 내용의 실현의 전반적인 패러다임을 볼 수 없게 되며 따라서 本質的인 속성을 把握하기 어렵게 된다. 그러므로 흔히 이런 경우는 문법 내용 즉 기능이나 의미를 출발점으로 하여 형식에로 접근하는 의미론적 접근법의 연구방법론을 택하게 되는 것이다.

한국어 문법연구에서 被動 範疇를 예를 들면, 그동안 피동에 대한 연구는 다양한 접근법으로 이루어져 괄목할만한 성과를 이루었는데 이런 연구를 크게 형식적 접근법으로 이루어진 연구와 의미론적 접근법으로 이루어진 연구로 나누어 보면, 우선, 형식을 출발점과 중심으로 했을 경우 피동은 접사에 의한 것만으로 한정되고 다음, 의미론적으로 접근할 경우, 접사에 의한 것뿐 아니라 '-어지다', '-게 되다'에 의한 것과 '-되다, -받다, -당하다' 등에 의한 것 및 '맞다, 입다, 당하다' 등과 같은 어휘적 피동 등 피동 실현의 전부를 포함시킬 수 있다.

이처럼 한국어에서 被動 範疇는 인구어에서 동사의 형태 변화와 관련

되는, 즉 굴절을 전제로 하는 문법범주와 달리, 동사의 파생법과 관련되는 범주이며 피동의 실현 방식은 접사에 의한 피동사, '-어지다'와 같은 장형 피동, '-되다, -받다, -당하다'와 같은 어휘에 의한 피동 등으로 실현되므로 전통 문법범주의 형식적 접근으로는 피동 범주의 패러다임을 볼 수 없게 된다. 그리하여 의미론적으로 접근해야만 형식적 접근이 설명하지 못했던 피동의 다양한 실현 방식을 밝히고 피동 범주의 전반적인 체계를 파악할 수 있게 되며 한국어 피동 범주의 본질적인 특성을 밝힐 수 있는 것이다.

이상의 논의에서 보다시피 한국어 문법 연구는 지금까지 그렇게 이루어져 왔듯이 문법 형식에서 출발하여 형식을 중심으로 하는 접근법이 필요할 뿐만 아니라 문법의 내용적 측면에서 출발하여 형식에로 다가가는 접근법도 충분히 가능하고 필요한 것임을 알 수 있다. 단 두 가지 접근법으로 이루어진 문법범주는 형식의 실현 형태나 범위 및 내용적 측면에서 차이가 있게 된다.

3. 文法의 意味論的 範疇

지금까지 국어 문법 연구에서 형식적 접근법으로 이루어진 형식문법의 문법범주는 문법 형식에서 출발하여 문법의미를 밝히는 범주로, 형태범주와 통사범주가 포함된다. 형태범주는 형태변화로 일어나는 문법의미의 변화를 밝히는 범주이고 문법형태라는 형식을 중심으로 하여 형태의미의 차이를 밝히고 통사범주는 통사구조 형식을 출발점으로 하여 그 구조의 의미를 밝히는 범주이다. 이런 연구는 傳統的으로 형태론과 통사론 분야로 수, 성, 격, 시제, 상, 양태, 인칭, 높임 등 범주가 있다. 본고에서는 특별히 문법의 내용적 측면에서 형식에로 다가가는 접근법 즉 의미론적 접근법으로 이루어진 연구, 즉 의미론적 범주의 연구를 살펴보도록 한다.

앞장에서 논의했듯이 문법 형식으로 나타나는 문법 내용은 문법적 형태, 문법적 성분, 형태구조, 통사구조, 문법적 억양 및 문법적 변화 등이 가져다주는 의미적인 槪括로, 이런 문법 내용은 크게 의미적 特性이나 의미적 關係로 대별되고 있다. 그러므로 의미론적 범주는 크게 의미적 특성의 문법 범주와 의미적 관계의 문법 범주로 나누어 살펴볼 수 있다.

3.1. 意味的 特性의 범주

우선, 의미적 특성이 통사구조에 影響을 미치고 동시에 그러한 형식의 制約을 받는 경우를 보면, 단어와 구를 단위로, 즉 단어의 의미적 특성과 문장의 의미적 특성으로 나누어 고찰해볼 수 있다.

1) 단어의 의미적 특성 범주

단어의 의미적 특성 범주는 한 단어의 集合에서 抽出해낸 것으로 일정한 통사 구조에 影響을 미치는 중요한 意味資質(의미특성)이다. 단어의 의미적 특성 범주는 대표적인 것이 품사의 의미론적 특성이라 할 수 있다. 傳統的으로 품사 분류는 형태론적 기준, 통사론적 기준, 의미론적 기준이 複合的으로 適用되고 있는데 그 중 의미론적 기준은 품사의 의미론적 특성으로, 그 단어가 나타내는 槪念範疇이다. 예컨대, 명사가 나타내는 '사람이나 사물의 이름', 대명사의 '사람이나 사물의 이름 대신 그 對象을 직접 가리켜 부르는' 특성, 수사가 나타내는 '양이나 순서', 동사가 나타내는 '사물의 움직임이나 作用', 형용사가 나타내는 '性質이나 狀態'

등과 같은 의미적 특성이다. 이와 같이 의미적 특성을 달리하는 단어는 형태론적 특성이나 통사론적 특성도 다르기에 문법의 통사 구조에 영향을 주게 되며 한편, 그러한 의미적 특성의 표현은 통사 구조의 제약을 받게 되는 것이다.

또한 명사는 사람이나 동물을 가리키는 유정명사(有情名詞)와 생명체가 아닌 것을 가리키는 무정명사(無情名詞)로 나누기도 한다. 그것은 '生命體'의 유무에 따라 형태적 특성을 달리하여 '나무에 물을 주다'는 가능하고 '나무에게 물을 주다'는 부적격문이 되며 '강아지에게 먹이를 주다'는 가능하고 '강아지에 물을 주다'는 부적격문이 된다. 즉 유정명사는 뒤에 조사 '-에게'를 취할 수 있으나 무정명사는 뒤에 조사 '-에게'가 연결되지 못하는 제약이 있다. 따라서 명사에서 '생명체 유무'라는 의미적 특성이 형태적 구조에 영향을 주고 결정적 역할을 하게 됨을 알 수 있다. 한편 형용사에서 '좋다, 싫다, 아프다, 고프다' 등과 같은 주관성 형용사는 주어의 의미역이 경험주(experiencer)인 경우가 많고 '쓰다, 달다, 빨갛다, 예쁘다. 착하다, 같다' 등과 같은 객관성 형용사는 대상(theme)이거나 처소(location)인 경우가 많다. 이런 主觀性 형용사는 '고파하다, 아파하다, 싫어하다, 좋아하다' 등과 같이 '-어하다'와의 결합이 가능하지만 客觀性 형용사는 결합하지 못하는 제약이 있다. 이 경우 '주관성'이나 '객관성'은 그 형용사가 '-어하다'와 결합할 수 있는지 與否를 결정하는 의미적 특성이 되는 것이다.

그밖에 단어의 의미적 특성에는 지시어, 공간어, 시간어 등과 같이 개념을 나타내는 범주에서 '時間, 指示, 空間' 등과 같은 의미적 특성도 있다.

현재 학술계에서 의미론적으로 重要性을 認定받고 있는 단어의 의미적 특성 범주는 주로, 동사의 자주(自主)범주, 체언의 어순 범주(국어 어순에서 의무적 제약이 따르는 어순은 '관형어-체언', '체언-조사', '용언-조동사' 등이 있다), 형용사의 성상 범주, 수량 범주, 시간 범주, 처소 범주, 긍정 범주, 부정 범주, 지칭 범주 등이 있다(邵敬敏 2007 : 36 참고).

2) 문장의 의미적 특성 범주

문장의 의미적 특성은 文體 類型으로부터 槪括해낸 의미적 특성과 文章의 表現 기능으로부터 導出해낸 의미적 특성이 있다. 다시 말하면 서술문, 의문문, 명령문, 요청문 등 문체(문장 유형)의 '서술, 의문, 명령, 요청' 등과 같은 의미적 특성이 있고 피동문, 능동문, 사동문, 긍정문, 부정문, 의향문, 추측문, 판단문, 평가문, 존재문 등과 같은 문장 표현의 '피동, 능동, 사동, 긍정, 부정, 의향, 추측, 판단, 평가, 존재' 등과 같은 의미적 특성이 있다.

3.2. 의미적 관계의 범주

文法 現象을 살펴보면, 의미적 관계가 통사구조에 影響을 미치면서 또한 통사구조의 制約을 받는 경우를 볼 수 있다. 이러한 현상에 대하여 의미적 특성과 마찬가지로 단어와 구의 단위별로, 즉 단어와 단어의 의미적 관계와 구와 구의 의미적 관계를 통하여 살펴볼 수 있다.

1) 단어와 단어의 의미적 관계는 의미역 범주가 나타내는 관계를 통해 엿볼 수 있다.

전통문법이나 결합가, 격문법 등은 대부분 동사를 中心으로, 즉 동사를 비롯한 敍述語가 필요로 하는 논항구조에 대하여 논의하는 것을 볼 수 있다. 예컨대, 홍재성 밖에(1999 : 238-243)에서는 동사 중심의 의미역을 동작주역(Agent), 경험주역(Experiencer), 동반주역(Companion), 대상역(Theme), 장소역(Location), 도착점역(Goal), 결과상태역(Final State), 출발점역(Source), 도구역(Instrument), 영향주역(Effector), 기준치역(Criterion), 내용역(Contents) 등 의미역으로 나누고 있는데 이런 의미역이 나타내는 내용이 바로 의미적 관계가 되는 것이다.

그밖에 명사와 명사, 형용사와 명사의 結合 構成이 나타내는 의미적 관계가 있으며 한국어에서는 주로 조사와 같은 문법 형태에 의해 나타나며 전체/부분, 선행/후속, 소유/소속, 자료/본체, 선행/후속, 동작/결과, 동작/정도 등을 나타내는 의미적 관계이다.

2) 구와 구의 의미적 관계는 구를 기본 단위로 하는 意味聯關 범주로서, 주로 어미에 의해 나타나는 사건과 사건의 의미적 聯關性을 반영한다. 이런 의미연관 범주의 특성은 상호 의존 관계에 있는 것으로, 비교, 병렬, 점진, 동등, 반전, 인과, 목적, 조건 등 의미연관 범주가 있다.

이상의 논의에서 볼 수 있듯이 의미론적 범주는 문법의 내용적 측면의 시각에서 歸納해낸 문법 범주로, 문법의 내용에 대한 抽象化로 이루어진 범주를 말한다.

문법의 내용적 측면은 기존의 문법 범주의 '문법적 뜻'이나 '문법적 관념'이라고 하는 개념보다 더 넓은 범위로서, 문법 형식이 나타내는 내용적 측면이며 크게 의미적 특성 범주와 의미적 관계 범주로 나눌 수 있다. 그 중 의미적 특성 범주는 단어의 하위 범주에서 추출해낸 범주화된 槪念이며 의미적 관계 범주는 단어나 문장의 구조로부터 개괄해낸 범주화된 槪念이다.

따라서 어떠한 의미적 특성과 의미적 관계가 문법 형식(형태구조나 통사구조)에 영향을 미치고 결정적 역할을 하는 동시에 그것의 제약을 받는지에 대한 연구가 의미문법의 연구가 될 것이다.

의미문법의 의미론적 범주는 문법의 내용적 측면으로부터 출발하여 내용을 중심으로 하는 연구로, 형식에서 출발하여 형식을 중심으로 하는 형식문법 범주와 상호보완적인 관계에 있다. 이것이 또한 의미문법을 설정해야 하는 이유가 된다. 이런 의미문법은 형식문법과 마찬가지로 독립성을 가지는 범주로 한국어의 문법 현상을 보다 本質的으로 效果的으로 설명할 수 있는 부분이 존재하는 것으로 형식 문법과는 구별되는 範疇이다. 좀 더 살펴보면, 의미문법은 그 접근법을 형식문법과 달리함으로써 그 연구 범위가 형태론과 통사론 분야를 중심으로 하는 형식문법의 범위보다 더 넓고 연구 내용도 형태론과 통사론의 형태나 구조뿐만 아니라 음운이나 어휘도 포함하는 언어의 다양한 층위의 要素가 될 수 있다. 즉 전통적인 형식문법은 형태론과 통사론 분야에 局限되지만 의미문법은 統合的인 것으로 음운론, 형태론, 통사론, 의미론, 화용론 등 언어 층위의 내용이 다 포함될 수 있다.8)

예컨대, 전통 문법의 기술문법에서는 단어를 품사론으로 다루고 '지칭'과 같은 범주를 다루지 않는 것이 慣例이나 의미문법의 기술에서는 '지칭', '시간', '공간' 등과 같은 의미적 특성을 가지는 범주를 의미론적 범주로 다룰 수 있다.

한편, 의미문법은 접근법이 다르므로 보는 視覺이 달라져 같은 문법현상일지라도 형식문법과는 달리 언어의 다양한 층위에서 나타나는 樣相을 볼 수 있기에 그 문법현상의 패러다임을 볼 수 있는데 이는 마치 나

---

8) 그동안 국어 연구의 방법론을 모색하면서 고영근(1993 : 10)에서는 우리말의 구두 형태와 서사 형태를 한 그릇에 담아 공간적 변이와 시간적 변화의 정도를 한눈으로 굽어볼 수 있도록 하기 위한 방법으로 총체서술(총괄서술)을 제안하였으며 문법의 재조직을 통한 총체서술을 위하여 통합이론의 방법론을 제시하였다. 한편 김광희(1994)에서는 전통적인 품사 대하여 언어 표현을 그 지시적 특성에 따라 변항과 정항으로 나눌 수 있다는 점에 근거하여 변항 범주를 세워 대명사, 의존명사, 수량사는 품사는 다르지만 지시적 선행사를 공유한다는 측면에서는 같은 부류로 묶일 수 있음을 기술하면서 문법 범주와 연구 방법상의 통합이라는 통합원리를 주장하였다.

무가 아닌 숲을 보는 것과 비슷하다고 하겠다.

이처럼 의미문법은 형식문법과 구별되는 獨立性에서 그 설정의 필요성을 찾아볼 수 있을 뿐 아니라 지금까지 국어연구에서 문법 범주의 설정 문제로 인하여 문법 기술의 범위, 문법 범주의 체계 그리고 문법 범주 교육의 범위 및 체계 등에서 혼선이 이루어졌던 문제를 해결할 수 있다는 데에서도 그 필요성이 부각된다고 하겠다. 예컨대, 피동 범주의 범위와 관련하여 학자들은 다양한 관점을 보여주고 있는데, 임홍빈(1983), 이홍식(1991) 등에서는 접사 피동만을 인정하고 있으며 성광수(1978), 홍종선(1990), 이주행(1992), 이익섭·채완(2000) 등에서는 접사 피동과 장형 피동을 인정하고 어휘적 피동은 피동으로 인정하지 않는다. 한편 김석득(1992), 박영순(1995) 등에서는 접사 피동, 장형 피동뿐 아니라 어휘적 피동도 인정하고 있다(김원경 2007 : 221-223 참고). 이와 같은 피동범주는 본고에서 제기하는 의미문법의 범주로 규정한다면 그 실현 방법을, 접사에 의한 피동과 장형 피동 및 어휘적 피동 등 패러다임을 모두 다룰 수 있어 한국어의 피동 범주의 전반적인 모습을 볼 수 있으며 더욱 체계적이고 본질적인 기술을 꾀할 수 있다. 그러므로 더 이상 피동 범주를 굴절을 전제로 하는 문법범주의 개념으로 규정해놓고 분명 피동의 의미를 나타내는 문법 장치인 장형 피동을 '類似피동'이라고 한다든지, 혹은 접사에 의한 피동만 取扱하고 어휘적 피동은 아예 取扱하지 않는다든지 하는 것과 같이 혼선을 가져다주는 기술을 삼갈 수 있으며 한편 그것이 文法範疇인가 아닌가 하는 논의는 별 의미가 없게 되고 다만 피동범주의 여러 가지 실현 방법에 어떤 本質的인 차이가 있으며 통사구조에 어떤 영향을 주는지 등을 밝히는 것이 보다 중요한 과제가 될 수 있다.9)

---

9) 김원경(2007)에서는 피동은 문법범주가 아니라 의미론적 범주로 논의되어야 함을 기술하였다. 본고의 입장에 따르면 피동은 형식문법의 문법 범주이기도 하고 의미문법

또 예컨대, 한국어에서 數量範疇는 意味論的 範疇이며 그 실현 방법은 형태, 통사, 의미, 화용 등 층위에 걸쳐, 형태소, 어휘, 구, 절 등 다양한 형식으로 나타나고 있음을 볼 수 있다. 그러나 형식문법의 형태와 통사가 연구의 출발점이 되다보니 수사 연구에서는 분류사나 수량사구를 제외시키고 양화사연구에서는 수량명사나 서수사를 제외시켰으며 양화사의 개념을 넓게 잡아 접사까지 확대하면서도 분석은 통사론적 단위만 대상으로 하는 현상이 일반적이었다(김영희(1983), 박금자(2003), 박철우(1990) 등). 이에 반해 채옥자(2013)에서는 수량범주를 의미론적 범주로 규정하고 수량이라는 의미로부터 접근하여 그 실현 방법을 밝힘으로써 수량범주의 總體的인 모습을 파악하고자 하였다. 좀 더 구체적으로 보면, 數量은 인간이 客觀世界를 認知하는 중요한 手段이다. 사물은 이런 인지 세계의 實體이며 수량은 사물의 존재방식이므로 우선 사물의 수량, 즉 실체의 수량이다. 그러므로 언어에서 셈의 대상 즉 수량화의 대상은 事物이 된다. 이런 인지 세계 속 사물은 또한 고정불변의 것이 아니라 시간과 공간 속에서 변화 발전하며 이런 사물은 운동, 변화 등 과정으로 사건을 형성하게 된다. 그리하여 인간은 이런 변화에 대해 시간으로 그 과정을 測定하게 되는데 그 하나는 지속되는 시간의 수량과 다른 하나는 사물 변화의 발생 횟수의 수량 두 가지 경우가 있다. 따라서 수량화의 대상 즉 셈의 대상은 사건이나 동작이 있게 되는 것이다. 사물의 수량은 시간과 공간을 존재방식으로 하는데 공간의 수량 및 시간의 수량은 연속량이며 그 중 공간의 수량은 사물이 공간에서 차지하는 수량이므로 사물

의 문법 범주이기도 한 것으로, 형식문법 범주로는 피동 접사에 의한 피동법이 될 것이고 의미문법 범주로는 피동 접사에 의한 피동법, '-어지다'나 '-게 되다'에 의한 장형 피동법, '-되다, -받다, -당하다, -입다' 등에 의한 어휘적 피동 등이 그 실현 방법이 될 것이다.

의 수량으로 볼 수 있으나 시간 범주는 인간의 또 다른 인지 수단이므로 별개의 단위로 그 수량을 나타내게 되는 것이다. 요컨대, 수량범주는 그 셈의 대상이, 지시하는 수량의 대상인 사물, 지시하는 수량의 대상인 동작이나 사건, 지시하는 수량의 대상인 시간 등이 된다. 이로부터 수량범주의 체계는 우선 수량의 대상에 따라 事物의 수량(사람의 수량과 공간의 수량을 포함), 動作이나 行爲의 수량, 時間의 수량 등으로 나눌 수 있다. 다시 말하면 한국어에서 수량을 나타내는 말 뒤에 쓰여 셈의 단위로 쓰이는 단위(분류사, 의존명사, 일부 명사) 들이 헤아리는 대상이 무엇인지에 따라 나눌 수 있다는 것이다. 이러한 분류체계는 한국어의 분류사 체계의 설정에 根據를 제공해 줄 수 있어, 한국어 분류사를 기본적으로 사물 단위사, 동작 단위사(예 : 번, 차례, 회, 바퀴, 순배, 판 등), 시간 단위사(예 : 초, 분, 일, 주일, 달, 년, 세기 등)로 나누고 사물 단위사는 다시 개체 단위사(예 : 개, 명, 마리, 그루, 송이, 대, 장, 자루 등), 집합 단위사(예 : 켤레, 다스, 톳, 손 등), 도량형 단위사(예 : 미터, 킬로그램, 리터 등)로 나눌 수 있다고 하였다. 이로써 기존의 분류사의 체계에서 사물 단위사, 동작 단위사, 시간 단위사 등을 교집합으로 혹은 빈칸이 있는 체계로 기술하는 限界를 克服하고 사물이나 동작(사건) 및 시간에 대한 수량 표현을 본질적으로 체계적으로 把握할 수 있었다(채옥자 2013 : 119-123).

　문법범주의 기술에서 형태적인 것이나 통사적인 것이 아닌 음운이나 어휘로 실현되는 문법 현상을 문법 범주로 다룰 것인가와 같은 문법 범위의 설정 문제 및 그런 문법현상을 다루지 않았을 경우 체계의 빈칸이 생기는 문제 등은 한국어의 기술 문법 및 학교 문법 범주의 범위 설정에 있어서도 문제를 야기하게 되는데 의미문법 범주의 설정은 바로 이러한 문제를 해결하고 형식문법의 한계도 어느 정도 극복할 수 있을 것으로 본다.

이상의 논의에서 보다시피, 한국어 문법 體系를 형식적 접근법의 형식 문법 범주와 의미론적 접근법의 의미문법 범주로 나누는 二分法 체계는 한국어 문법 현상의 기술에 있어서 더욱 전면적이고 체계적이며 빈칸이 없는 必要 充分한 기술을 꾀할 수 있을 것으로 보인다.

지금까지 논의된 한국어 문법 범주의 체계를 表로 나타내면 다음과 같다.

4. 맺음말

지금까지 韓國語文法은 연구 方法論의 측면에서 주로 형식에서 출발 하여 의미나 기능에 다가가는 접근법의 형식문법 연구가 위주였으나 의 미나 기능에서 출발하여 그 형식을 연구하는 의미문법도 있었으며 그 성과도 刮目할 만하다. 그 중 본고에서 제기된 의미론적 범주의 내용은 구체적인 문법 현상의 연구에서 意味的 범주, 槪念的 범주, 語彙的 범주 등 개념으로 논의되기도 하였는데 본 연구에서는 이를 문법 범주의 차 원으로 끌어올려 체계적인 기술을 시도하였다.

우선, 언어의 기본적인 기능인 意思疏通 즉 '理解'와 '表現'을 위해야 하는 문법 연구의 目的 및 文法 形式과 文法 內容의 관계로부터 문법 연구의 두 가지 접근법의 當爲性을 강조함으로써 한국어 문법연구가 志向하여야 할 연구방향을 잡는 데 도움을 주고자 하였다. 즉 문법 형식은 문법 내용의 檢證을 필요로 하며 문법 내용은 문법 형식이 뒷받침되어야 하는 것으로, 문법은 형식과 내용의 有機的인 結合體이다. 따라서 문법 연구에 있어서도 형식과 내용의 양 측면 모두 출발점 및 중심이 될 수 있으며 문법 연구의 두 가지 접근법은 상호보완적이고 協力的인 관계에 있으므로 문법 연구는 형식에서 내용에로 다가가는 형식적 접근법과 내용에서 형식에로 다가가는 의미론적 접근법이 모두 필요하다는 것이다.

다음, 한국어 문법 범주의 체계를 형식문법과 의미문법이라는 二分法 체계로 세울 수 있음을 主張하였다. 의미문법의 의미론적 범주는 문법의 내용적 측면으로부터 출발하여 내용을 中心으로 하는 연구로, 형식에서 출발하여 형식을 중심으로 하는 형식문법 범주와 상호보완적인 관계에 있다는 것이 의미문법 범주를 설정해야 하는 理由이다. 또한 의미문법의 설정은 문법범주의 범위, 문법 범주의 체계 그리고 문법 범주 교육의 범위 및 체계 등 면에서 기술의 全面性과 體系性이 未洽했던 문제를 해결할 수 있기에 한국어 문법현상의 체계에 대하여 필요 충분한 기술을 꾀할 수 있으며 형식문법의 限界도 어느 정도 극복할 수 있다는 데서 그 필요성을 찾을 수 있었다.

물론 어떤 접근법을 選擇하는가 하는 것은 형식과 의미 중 어느 것을 중요시하느냐와 관계되며 나아가서 형식이 의미를 결정하느냐 아니면 의미가 형식을 결정하느냐 하는 문제와도 관계될 수 있다. 게다가 문법의 내용적 측면은 워낙 複雜하고 抽象的이어서 의미적인 것을 기준으로 한다는 것은 쉽지 않은 것이다. 하지만 分明한 것은 문법 현상에서 어떤 의미적 특성이나 의미적 관계가 문법구조(형태구조나 통사구조)에 영향을 주고 통사적 특성의 차이를 誘發한다는 것이며 따라서 그것의 존재를 밝히어 내는 것이 또한 문법연구의 課題로 대두된다는 것이다.

본 연구에서는 한국어 문법에서 형식문법의 문법 범주와 함께 의미문법의 의미론적 범주가 설정되어야 함을 제기하고 더 나아가서 의미문법 연구에 있어서 문법 내용의 內包의 抽象性, 외연의 概括性, 형식의 證明性, 존재의 客觀性 등과 같은 중요한 屬性에 대해서는 向後 깊이 있는 探究가 필요하며 의미문법의 설정이 가능하다면 연구의 理論, 範疇, 方法 등 면에서 진일보의 논의와 연구가 後續되어야 함을 言及하는 것으로 만족하고자 한다.

제2장 한국어 수량범주

1. 머리말

'수량'은 인간이 세계를 인지하는 가장 기본적인 범주 중의 하나이다. 인간은 '수량'이라는 개념으로 주변세계를 인식하고 표현하며 파악하게 되는데 인간의 인지 세계 속 사물(인간과 동물 포함), 사건, 성상(性狀) 등에는 대부분 수량적 개념이 내포되어 있다. 예컨대 사물에는 기하학적 수량 요소가 내포되어 있고 사건에는 동작이나 시간의 수량 요소가 내포되어 있으며 성상(性狀)에는 등급의 수량 요소가 내포되어 있다.

이런 객관세계의 수량적 요소와 여러 가지 수량화 처리의 도구 및 방식 등은 '수량'이라는 객관세계를 반영하는 인지범주를 이루게 되며 이런 인지범주가 언어에 투사되면 언어 세계의 수량범주를 형성하게 된다. 다시 말하면 수량범주는 '수량'이라는 인식의 개념을 언어화한 것이다.

언어는 인간이 지식이나 정보를 전달하는 도구 즉 의사소통의 도구로서 의미나 기능의 측면에서 보면 분명히 일정한 의미를 나타내게 마련이다. 이런 시각에서 자연히 언어학의 과제는 어떤 의미를 어떤 언어적 단위나 형식으로 나타내는가를 분명하게 밝히는 것이 될 것이다. 이와 같은 관점에서 '수량'이라는 의미범주를 어떤 단위나 형식으로 나타내고 있는지 하는 언어적 실상을 밝히는 연구의 필요성이 제기되며 동시에 개별 언어인 한국어에서 인지 개념의 범주인 수량범주가 어떠한 언어적 단위나 형식으로 나타나는지 즉 수량범주의 언어화가 어떻게 이루어져 있는지 살펴보고 그 본질을 파악하는 연구 또한 충분히 논의의 필요성이 있을 것이다. 특히 의미와 기능 중심의 연구 및 언어 유형론적 연구가 활발히 이루어지고 있는 현시점에서 수량 표현 전반을 대상으로 하는 범주적 차원의 기술적 연구가 필수적이라고 생각한다.

수량범주의 표현은 모든 언어에서 나타나는 보편적인 현상이나 그 구체적인 표현 단위나 형식에 있어서는 개별 언어의 특성에 따라 상이하게 실현된다. 한국어의 경우 수량범주의 표현은 형태소로부터 어휘, 구나 절에 이르기까지 다양한 단위로 나타나며 게다가 수량을 표현하는 어휘들은 통사적으로 매우 다양한 범주에 걸쳐 나타나고 있다. 이런 수량범주를 기존의 한국어문법 연구에서는 문법 내에서 수사, 분류사, 수량사, 양화사 등으로 한정시켜 주로 통사론적으로 다루어 왔었는데 본고에서는 시각을 달리하여 의미적 범주의 차원에서 한국어의 수량범주의 특성 및 체계를 파악하고 그 표현 양상을 검토함으로써 한국어에서 수량범주는 양태범주, 공간범주, 시간범주 등과 같은 의미문법연구의 일환으로 자리매김할 수 있음을 제기할 것이다.

본 연구에서는 이런 목적으로 우선 2장에서는 수량의 개념을 비롯하여 수량범주의 개념을 정립할 것이며 3장에서는 수량범주의 특성을 밝히고 4장에서는 수량범주에 대하여, 3장에서 얻어진 특성을 바탕으로, 기본 분류를 비롯한 세부적인 분류를 시도하여 그것이 문법연구에 있어서 가지는 의의를 논의할 것이며 5장에서는 한국어의 수량범주의 표현 양상에 대해 문법적으로 살펴보게 될 것이다. 이런 연구는 한국어의 의미 문법연구의 빈 칸을 채우는 기초연구가 될 수 있을 것으로 기대해본다.

2. 수량범주의 개념

수량범주의 성격 규명은 '수량'이라는 의미자질에 대한 구체적인 파악이 바탕이 되어야 하며 수량범주의 개념 정립 역시 '수량'의 개념 정립에서 출발해야 할 것이다. 그렇다면 우선 한국어에서 '수량'은 어떤 의미로 쓰이고 있는지 살펴보도록 하자.

한국어에서 '수량'이라는 용어는 '수', '수효', '양', '분량' 등 용어들과 잘 구분되지 않고 있다. 이는 다음과 같은 표준국어대사전에서의 뜻풀이를 통해서도 알 수 있다.

> 수량05(數量)「명사」: 수효와 분량을 아울러 이르는 말.
> 양20(量)「명사」:
>> 「1」세거나 잴 수 있는 분량이나 수량.
>> 「2」((고유어와 외래어 명사 뒤에 붙어))분량이나 수량을 나타내는 말.
>> 「3」음식을 먹을 수 있는 한도.
>> 「4」=국량(局量).
>> 「5」『논리』사물의 존재 방식을 나타내는 말. 사물의 질적인 규정을 제거하여 여전히 남아 있는 사물의 측면으로, 일정한 단위로 측정할 수 있다.

분량(分量)「명사」: 수효, 무게 따위의 많고 적음이나 부피의 크고 작
　　　　　　　은 정도.

수효03(數爻)「명사」: 낱낱의 수.

수26(數)「명사」:

　　「1」셀 수 있는 사물을 세어서 나타낸 값.

　　「2」『수학』자연수, 정수, 분수, 유리수, 무리수, 실수, 허수
　　　　따위를 통틀어 이르는 말. 좁은 뜻으로는 자연수를 가리
　　　　킨다.

　　「3」『언어』인도·유럽 어족의 언어에서, 명사·대명사의 수
　　　　개념을 나타내는 문법 범주. 하나의 사물을 나타내는 단
　　　　수, 둘 이상의 사물을 나타내는 복수가 있으며, 그 외에
　　　　도 둘이 한 단위가 되는 쌍수, 셋이 한 단위가 되는 삼
　　　　수, 넷이 한 단위가 되는 사수 따위가 있다. ≒셈01[Ⅰ]
　　　　「8」.

숫자(數字)「명사」:

　　「1」수를 나타내는 글자. 1, 2, 3, …… 또는 一, 二, 三,
　　　　…… 따위이다.

　　「2」금전, 예산, 통계 따위에 숫자로 표시되는 사항. 또는
　　　　수량적인 사항.

　　「3」사물이나 사람의 수.

　이상과 같은 '수량', '분량', '양', '수효' 등 낱말의 정의를 보면 이들
상호 관계가 어떠한지 알 수 없을 정도이며 학적 증명의 정의에 어긋나
는 순환논법도 이루어지고 있음을 볼 수 있다. 이는 언어 사용에 있어서
도 '수량'이라는 용어가 '수', '수효', '양', '분량' 등과 혼돈될 수 있으
며 '수량(quantity)'이라는 개념 역시 '수', '양', '수효', '분량' 등 개념과

분명하게 구별되어 인식되지 못할 수 있음을 말해 준다. 한편 본 연구의 대상인 수량범주의 본질을 파악함에 있어서도 혼선이 초래될 소지가 있어 본격적인 논의에 앞서 관련 개념을 정립하고자 한다.

'수량'은 좁은 의미로는 '수효'만을 나타내고, 넓은 의미로는 '수효'와 '분량'을 포괄하여 나타내는데 이 경우 넓은 의미의 '양'과 같은 개념으로 쓰인다. '양'은 좁은 의미로는 '분량'의 의미를 나타내고 넓은 의미로는 '질'에 상대 개념으로 '수효'와 '분량'을 포괄하게 된다. '수효'는 가산의 대상을 헤아리는 양이고 '분량'은 불가산의 대상을 헤아리는 양이다. 즉 '분량'은 분리량(分離量)과 연속량(連續量)으로 대별되는 양 개념 중 연속량에 해당되는 것이 된다. 이로부터 '수량', '양', '수효', '분량' 등의 관계는 다음과 같이 표시할 수 있다.

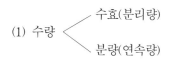

(1) 수량　── 수효(분리량)
　　　　　　 └─ 분량(연속량)

(2) 수량=수효=분리량　　　　　　양=분량=연속량

(1)에서 '수량'은 넓은 의미이고 이 경우 넓은 의미의 '양'과 같은 개념이며 '질'에 상대되는 개념이며 (2)에서 좁은 의미의 '수량'은 '수효'와 같은 개념이며 '양'의 분리량과도 같은 개념이고 좁은 의미의 '양'은 '분량과 같은 개념이며 연속량과도 같은 개념이다.

앞에서 살펴본 '수량'의 의미는 사전적 의미 즉 언어학적 의미이다. 궁극적으로 수학이나 철학에서의 개념범주인 '수량'이 가지는 특성이 언어에 어떻게 반영되며 언어의 '수량범주'는 어떤 단위나 형식으로 그것을 표현하는가를 검토하는 것이 목표인 본 연구에서는 '수량'을 인지범주로서의 의미, 백과사전의 철학에서 말하는 의미로 받아들여, '수량'이라는 정의는 수효와 분량을 모두 포괄하는 '수량(quantity)'의 의미로, 사물이 지닌 성질인 '질(quality)'에 대립하는 개념으로 논의를 펼칠 것이다. 한편 사물(사람 포함)이나 사건(동작 포함) 및 시간의 수량적 규정(많고 적음, 크기, 높이, 길이, 속도, 면적, 체적, 범위 등등)을 위해 필요한 형식이나 수단의 집합을 '수량범주'라고 하고 이런 수량범주를 표현하는 형식을 '수량 표현'이라고 정의하고자 한다.

그러면 수량범주는 기존 문법 연구에서의 수량 표현, 양화사(수량사) 양화표현, 셈숫말 등 몇몇 개념과 어떤 관계에 있는지 살펴보도록 하자.

우선 기존의 연구에서 '수량 표현'이라는 개념은 수량의 의미를 가지는 표현을 말하는 것으로, 넓은 의미에서는 자연언어의 거의 모든 문장들을 포괄하는 개념이며 좁은 의미로 문장 안에 수량을 의미하는 독립된 언어요소가 명시적으로 나타나 있는 경우만을 지칭한다(박철우1990 : 1). 다음 '양화사(quantifier)'는 '양화표현', '수량사', '셈숫말'이라고도 하는데 그 범위의 규정에 있어서 차이를 보이고 있는 것으로, 대체로 명사구 안에 나타나는 수사나 수관형사로 한정하는 경우와 '수량'의 의미를 가진 모든 접사, 단어, 구와 절을 포함시키는 경우로 나누어 볼 수 있다.[1]

요컨대, 본고에서의 수량 표현은 수량범주를 나타내는 독립된 언어적 요소로, 수량의 의미를 명시적이거나 내재적으로 표현하며 통사적으로 접사, 조사, 단어, 구와 절 등 여러 가지 다양한 범주를 통해 나타나는 요소를 가리킨다.

---

1) 양화사에 관한 연구는 song(1967), oh(1971), 김영희(1984), 이영헌(1984), 박금자(1985), 박철우(1990), 김영근(2000), 박철우(2012) 등을 참고.

3. 수량범주의 특성

인지범주로서의 '수량범주'와 그것이 언어화된 언어범주로서의 '수량 범주'는 성격상 같은 경우도 있지만 다른 경우도 있다. 우선 양자의 다른 점을 언어범주로서의 '수량범주'의 성격을 인지범주로서의 '수량범 주'의 특성과 비교하는 것을 통하여 살펴보도록 하자.

3.1. 객관성과 주관성

수량이란 일정한 단위에 의해서 측정될 수 있는 것이며 객관성을 띠 게 된다. 이러한 인지범주인 '수량'을 반영하는 언어범주의 수량범주는 객관성뿐만 아니라 주관성도 가지는 특성이 있다.

> (3) 가. 다섯 개
> 　　나. 겨우 다섯 개
> 　　다. 고작 다섯 개
> 　　라. 무려 다섯 개
> 　　마. 다섯 개나

(3가)에서 '다섯 개'가 나타내는 수량의미는 인지범주인 '수량'의미와 같은 객관적인 수량의미이고 그 밖의 (3나, 3라, 3다, 3마)에서의 '다섯 개'는 '많다/적다'와 같은 '평가'를 나타내는 주관성이 부여된 수량의미 이다. 즉 (3나, 3다)의 '다섯 개'는 '그 수량이 적다'는 평가를 나타내는 주관성이 부여된 의미인 반면 (3라, 3마)는 '그 수량이 많다'는 평가를 가지는 주관성이 부여된 의미이다. 이처럼 언어화된 수량범주는 객관성 을 가질 뿐만 아니라 주관성도 띠게 된다.

3.2. 투명성과 모호성

인지범주의 수량범주는 투명한 것이 특징이지만 언어화된 수량범주는 투명성과 모호성을 모두 가지게 된다.

(4) 가. 두, 세, 네, 다섯, 여섯
    나. 두셋, 두서넛, 너덧, 너더댓, 대여섯
    다. 이상 : 키 158cm 이상/만 20세 이상/주 3회 이상
        내외 : 원고지 200자 내외/10만 원 내외의 비용/10% 내외의
        경제 성장

언어화된 수량범주에는 (4가)와 같이 정확한 수량을 나타내는 정수(定數)가 있어 투명성을 나타낼 뿐만 아니라 (4나)와 같이 개략적인 수량을 나타내는 부정수(不定數)도 있다. 예컨대, '2'라는 수량의미는 인지세계에서는 '둘'이고 절대 '셋'이 될 수 없으며 마찬가지로 '3'은 '셋'이고 절대 '둘'이 될 수 없다. 하지만 언어범주에서는 '2'도 '두셋'으로, '3'도 '두셋'으로 나타낼 수 있어, '두셋'은 '2'일 수도 있고 '3'일 수도 있는 모호성을 가지게 된다. 이는 인지범주에서 꼭 '2' 아니면 '3'이 되는 투명성과 대조되는 것이다. 그리고 (4다)에서 '이상'은 제시된 수량이 범위에 포함되면서 그 위인 경우를 나타내며 '내외'는 '(수량을 나타내는 말 뒤에 쓰여) 약간 덜하거나 넘음'의 의미를 가지는 것으로 그 수량적 의미는 모호성을 가지게 된다. 하지만 이런 경우에도 인지범주의 수량의미는 그 수량범위의 어느 한 수량으로 나타나게 될 것이다. 이처럼 언어로 나타내는 수량의미는 인지세계의 투명한 수량의미를 모호하게 표현할 수 있는 것이다. 따라서 인지범주의 수량의미는 투명성만을 가지나 언어범주의 수량의미는 투명성을 가질 뿐만 아니라 모호성도 가지게 된다.

3.3. 진실성과 비진실성

인지범주의 수량은 항상 진실된 것이며 구체적인 것이다. 하지만 언어범주의 수량은 대부분 진실된 것이지만 대응되는 구체적인 수량의미가 없는 경우가 있는데 이 때 수량은 비진실성을 띠게 된다.

(5) 가. 백 송이 장미
　　가′. 백번 옳은 소리다
　　나. 인구가 천만을 넘은 지 오래다
　　나′. 천만 다행이야.
　　다. 만 원 짜리
　　다′. 만인의 연인
　　라. 억만장자

(5가)는 진실된 수량인 '100 송이'의 장미라는 뜻이고 인지범주나 언어범주의 수량에 공통되는 진실성을 보여주는 예이나 (5가′)의 '백번'의 '백'은 '100'의 의미를 상실한 것으로, '번'과 함께 '전적으로 다'의 의미를 나타내고 있는데 이 경우 '백'은 비진실성을 가진다고 할 수 있다. 마찬가지로 (5나)의 '천만'은 실제 존재하는 수량 '1000만'의 의미를 가지나 (5나′)의 '천만'은 대응되는 수량적 의미가 없이, '아주', '전혀'의 뜻을 나타내는 말이며 (5다)의 '만'은 '10000'의 수량의미이지만 (5다′)의 '만인'의 '만'은 '모든'이라는 뜻을 나타낸다. 한편 (5라)는 '헤아리기 어려울 만큼 많은 재산을 가진 사람'을 의미하는데 이때의 '억만' 역시 '많다'의 뜻을 나타낸다. 이처럼 언어화된 수량범주에서 수량은 수사학적인 의미(비범주화된 의미)로 쓰이는 경우가 있다. 이런 성질을 언어화된 수량범주의 비진실성이라고 할 수 있다.

다음, 양자의 같은 점은, 인지범주로서의 '수량범주'와 그것이 언어화된 언어범주로서의 '수량범주'는 기본적으로 체계성, 연속성, 등급성, 정도성, 객관성, 투명성 등 특성이 있다는 것이다.

수량범주의 기본인 수 개념은 질서정연하고 완벽한 체계를 갖추고 있으며 이에 따라 수량범주는 인지범주든 언어범주든 모두 체계성을 띠게 된다. 즉 수 개념은 어느 언어 사회에나 공통된 체계로 존재하며 '1, 2, 3...'으로 이어지는 각 지시의미에 대응되는 이름이 존재하는 것으로 체계상의 빈칸이 없는 것이다(채완, 2001 : 125). 따라서 수량범주는 또한 연속성, 등급성, 정도성도 가지게 된다. 예컨대, 연속성은 '첫 번째, 두 번째, 세 번째...'와 같은 순서나 서열의 의미를 나타내는 수량범주를 통해 표현되는가 하면 등급성은 '사원, 대리, 과장, 부장, 이사, 상무, 전무, 사장' 등과 같은 직급별 의미를 나타내는 경우에 '한 급, 두 급' 등의 수량 의미로 나타나기도 한다. 그리고 정도성은 '많고 적음'이라는 수 개념의 특성으로 말미암아 자연스레 가지게 되는 특성인데 다만 명시적이지 않고 내재적으로 표현되는 경우에 정도를 나타내게 되는 것이다. 질(質)에 대립하는 말인 '수량'은 기본적 범주의 하나이며 '얼마 만큼'이라는 물음에 해당하는 사물의 존재 방식을 나타내는 말이다. 예컨대 사물의 수(數)나 시간, 공간적인 넓이 및 무게, 길이, 속도 등은 양적 규정에 해당하는 것이고, 이러한 규정에서는 사물의 질적인 면이 도외시되므로 사물은 등질적(等質的)인 것으로 간주될 뿐이다. 사람 수를 헤아리든지 짐의 무게를 측정하는 경우에 사람 개개인의 성질이나 물건의 내용은 아무런 상관도 없듯이, 수량이란 사물의 질적(質的) 규정을 제거해도 여전히 남아있는 사물의 측면이다. 따라서 수량이란 일정한 단위에 의해서 측정될 수 있는 것이며 기본적으로 체계성, 연속성, 등급성, 정도성, 객관성, 투명성 등 특성이 있으며 이를 반영하는 언어범주의 수량 역시 이 같은 특성을 가지게 마련이다.

4. 수량범주의 체계

한국어에서 수량범주를 어떻게 체계화할 것인가 하는 문제는 수량을 어떤 기준으로 하위분류할 수 있는가 하는 문제와 관련된다.

수량은 인간이 객관세계를 인지하는 중요한 수단이다. 사물은 이런 인지 세계의 실체이며 수량은 사물의 존재방식이다. 따라서 수량은 우선 사물의 수량 즉 실체의 수량이다. 그러므로 언어에서 셈의 대상 즉 수량화의 대상은 사물이 된다. 이런 인지 세계 속 사물은 또한 고정불변의 것이 아니라 시간과 공간 속에서 변화 발전한다. 즉 사물은 운동, 변화 등 과정으로 사건을 형성하게 된다. 그러므로 인간은 이런 변화에 대해 시간으로 그 과정을 측정하게 되는데 구체적으로 지속되는 시간의 수량과 사물 변화의 발생 횟수의 수량 두 가지 경우가 있다. 그러므로 수량화의 대상 즉 셈의 대상은 사건이나 동작이 있게 되는 것이다. 사물의 수량은 시간과 공간을 존재방식으로 하는데 공간의 수량 및 시간의 수량은 연속량이며 그 중 공간의 수량은 사물이 공간에서 차지하는 수량이므로 사물의 수량으로 볼 수 있으나 시간 범주는 인간의 또 다른 인지 수단이므로 별개의 단위로 그 수량을 나타내게 되는 것이다.

요컨대 수량범주는 우선 기본적으로 그 셈의 대상이, 지시하는 수량의 대상인 사물, 지시하는 수량의 대상인 동작이나 사건, 지시하는 수량의 대상인 시간 등이 되므로 사물의 수량, 동작이나 행위의 수량, 시간의 수량 등으로 나눌 수 있다. 한편 인지 개념의 수량범주와 언어화된 수량범주의 차이성에 따라 수량 범주는 진실적 수량과 비진실적 수량, 객관적 수량과 주관적 수량, 명확한 수량과 부정적 수량 등으로 나눌 수 있다. 그밖에 표현요소가 수사나 수량사구인지 여부에 따라 명시적 수량과 내재적 수량으로 나눌 수 있으며 그리고 수학개념에 근거하여 분류할 수도 있다.

4.1. 수량의 대상에 따른 분류

한국어에서 수량범주는 기본적으로 수량화의 대상에 따라 즉 셈의 대상에 따라 사물의 수량, 동작의 수량, 시간의 수량으로 나눌 수 있다. 즉 한국어에서 수량을 나타내는 말 뒤에 쓰여 셈의 단위로 쓰이는 단위(분류사, 의존명사, 일부 명사)들이 헤아리는 대상이 무엇인지에 따라 나눌 수 있다.

4.1.1. 사물의 수량

'사물의 수량'은 사물을 세는 수량으로, 문법적으로 주로 명사와 관련 있다. 여기에는 사람의 수량(한 명, 한 분 등) 및 사물의 길이(높이, 깊이, 거리, 굵기 등), 면적, 체적 등과 같은 공간의 수량도 포함된다.

사물의 수량을 세는 단위사는 한국어 문법에서 분류사, 의존명사, 단위성 명사 등으로 불리는 부류로서 부류분류사라고 하는 부류이다. 지금까지 학자들이 각자 여러 가지 분류법으로 나누고 있으나 모두 (7)과 같이 (7가)는 개체 단위사, (7나)는 집합 단위사, (7다)는 도량형 단위사 등에 포함시킬 수 있다.

> (7) 가. 개, 권, 명, 마리, 포기, 그루, 송이, 대, 장, 자루, 잔, 병, 컵, 그릇, 숟가락

나. 벌, 켤레, 타, 톳, 손, 갓, 거리, 접, 두름, 쾌, 톳, 판

　　다. 미터, 킬로그램, 리터

4.1.2. 동작의 수량

　'동작의 수량'은 행위나 동작의 반복 횟수를 말한다. 사전에서 '동안'을 세는 단위는 동작 단위사일 수도 있고 지속되는 시간을 나타내는 시간 단위사일 수도 있다. 한국어의 동작 단위사는 동작이나 일의 횟수를 세는 단위이며 그 주요 기능은 동작을 수량화하는 것이고 부차적으로 특질화하기도 하며 '수 관형사+동작 단위사'의 수량구성을 형성하여 동작을 나타내는 동사 앞에 선행하는 경우가 일반적이다. 이러한 한국어의 동작 단위사는 (8가)와 같이 [+순간성]의 동작동사로 나타나는 동작의 횟수를 세는 동작 단위사와 (8나)처럼 일정한 시간을 두고 이루어지는 일(사건)의 횟수를 세는 동작 단위사로 나눌 수 있다(채옥자, 2012 : 301-325 참조).

　(8) 가. 걸음, 대, 발, 방, 배, 번, 사리, 수, 발/발짝 등

　　　나. 끼(니), 고팽이, 바퀴, 판, 벌, 차례, 축 등

4.1.3. 시간의 수량

　'시간의 수량'은 사물, 성상 및 사건과 관련 있다. 사물, 성상은 시간 속에서 존재하고 변화하며 사건은 시간 속에서 발생하고 발전하며 마무리된다. 따라서 그것을 표현하고 기술하려면 어쩔 수 없이 시간의 각도에서 그 수량을 헤아리게 된다. 시간의 수량에는 두 가지 경우가 있는데 하나는 (9가)와 같이 시간점을 표현하는 경우이고 다른 하나는 시간이 흐른 양을 (9나)와 같은 단위사로 표현하는 경우이다.

(9) 가. 5초, 4분, 6시, 7일, 8월, 2013년, 오늘, 올해, 내년, 나중에, 앞으로

　　나. 초, 분, 시간, 일, 달, 개월, 년, 세기

이처럼 수량은 수량의 대상에 따라 사물의 수량(사람의 수량과 공간의 수량을 포함), 동작의 수량, 시간의 수량으로 분류할 수 있는데 이는 수량범주의 가장 기본적인 하위분류이다.

이러한 분류체계는 한국어 문법연구에서 분류사 체계의 설정에 근거를 제공해주게 된다.

한국어는 이른 바 분류사[2] 언어로 분류사가 매우 발달하였으며 수량범주의 전형적인 수단은 수사나 수량사구이며 이는 명시적인 표현에 속한다. 수사와 분류사의 구성으로 수량을 헤아릴 경우, 수사는 흔히 집단 중의 개체 혹은 전체 중의 부분을 나타내고 분류사는 흔히 부류화의 기능을 가진다. 예컨대, '한 개, 한 포기, 한 마리' 등은 사물의 수량을 나타내고 '한 번, 한 판, 한 차례' 등에서의 분류사는 행위나 동작의 수량을 나타낸다. 분류사는 수량화의 기능뿐만 아니라 부류화의 기능도 있기에 사물의 수량으로 사물을 대체하는 대용적 기능이 있다(예 : 두 공기(밥)로 모자란다). 그런데 한국어에서 분류사의 주요 기능은 어디까지나 어떤 대상의 셈을 세는 단위를 제공하는 기능이고 부류화의 기능은 부차적인 것임은 이미 박진호(2011), 채옥자(2012) 등에서 밝혀진 바 있다. 그렇다면 한국어에서 '단위'로 되는 분류사는 어떤 대상을 세는 단위인지를 살펴보도록 하자. ≪표준국어대사전≫에서, '…을/를 세는 단위'로 해석된 낱말들을 보면, 사물(사람)을 세는 단위 외에, '횟수'를 세는 단위, '차례'를 세는 단위, 그리고 '동안(기간)을 세는 단위' 등이 있음을 볼 수 있다. 여기에서 사물을 세는 단위는 사물 단위사이고 '횟수'와 '차례'를 세는 단

---

2) 이하 분류사는 단위사와 같은 뜻으로 사용함.

위는 동작 단위사이며 '동안'을 세는 단위는 동작 단위사일 수도 있고 시간 단위사일 수도 있다. 예컨대, '바탕'은 '어떤 일을 한 차례 끝내는 동안을 세는 단위'로 해석되었는데 이는 동작 단위사이고 '날'은 '지구가 한 번 자전하는 동안을 세는 단위'라고 해석되었는데 이는 시간 단위사인 것이다. 이와 같은 언어적 사실은 수량범주의 기본분류와 같은 맥락으로, 문법적으로 보면, 사물 단위사는 수사와 수량사구를 이루어 명사로 나타나는 사물의 수량을 나타내고 동작 단위사는 수사와 수량사구를 이루어 동사로 나타나는 동작의 수량을 나타내며 시간 단위사는 수사와 수량사구를 이루어 사물 및 사건과 관계되는 시간의 수량을 나타낸다.

이상과 같은 수량범주의 기본분류를 기준으로, 기존의 문법연구에서의 분류사의 체계에 대한 논의를 살펴보면, 사물 단위사와 동작 단위사 및 시간 단위사를 한 평면 위에 설정하지 않고 있음을 볼 수 있다. 예컨대, 동작 단위사와 시간 단위사를 사물 단위사에 포함시키는 체계(최현배 1971, 채완 1990), 동작 단위사와 사물 단위사를 도량형 단위사와 대등한 층위에 설정하는 체계(성광수 1975, 곽추문 1995), 동작 단위사와 시간 단위사를 설정하지 않은 체계(김영희 1981, 유동준 1983), 시간 단위사를 설정하지 않은 체계(우형식 2001) 등이 있다.3) 같은 하나의 논리적 층위에 있는, 사물 단위사, 동작 단위사, 시간 단위사 등을 다른 층위에 설정하거나 그 중 어느 하나를 빠뜨려 빈칸을 보이는 체계는 사물이나 동작(사건) 및 시간의 수량과 관계되는 언어현상을 본질적으로 체계 속에서 파악하는

---

3) 우형식(2001 : 123-179)에 의하면, 한국어 분류사의 체계 설정과 관련한 지금까지의 논의들은 크게 양적 범주화 중심(최현배(1971 : 223), 성광수(1975), 김영희(1981))이거나 유적 범주화 중심(유동준(1983), 채완(1990), 오상룡(1995), 곽추문(1995))으로 논의되어 오다가 우형식(2001)에선 기능 중첩 중심으로 논의되었다.

데 혼돈을 초래할 수도 있을 것이다. 따라서 본고에서는 한국어 분류사를, 기본적으로 사물 단위사, 동작 단위사, 시간 단위사로 나누고 사물 단위사는 다시 여러 가지 기준에 의한 분류법이 있으나 어떠한 단위사도 모두 포함시키는 분류로, 개체 단위사, 집합 단위사, 도량형 단위사로 나눌 수 있다고 판단한다. 이를 표로 표시하면 다음과 같다.

단위사
- 사물 단위사
  - 개체 단위사 예 : 개, 명, 마리, 그루, 송이, 대, 장, 자루
  - 집합 단위사 예 : 켤레, 다스, 톳, 손
  - 도량형 단위사 예 : 미터, 킬로그램, 리터
- 동작 단위사 예 : 번, 차례, 회, 바퀴, 순배, 판
- 시간 단위사 예 : 초, 분, 일, 주일, 달, 년, 세기

4.2. 인지 개념의 수량범주와 언어화된 수량범주의 차이성에 따른 분류

4.2.1. 진실적 수량과 비진실적 수량

언어범주로서의 수량범주는 진실성과 비진실성을 가지고 있기에 수량은 진실적 수량과 비진실적 수량으로 나눌 수 있다. 여기에서 비진실적 수량은 대응되는 구체적인 수량의미가 없어진 수량 표현을 가리키는데 수사학적 의미나 비범주화된 의미라고도 한다.

다시 (5)를 돌이켜보면 (5가)의 '백', (5나)의 '천만', (5다)의 '만'은 진실적 수량이고 (5가´)의 '백번'의 '백', (5나´)의 '천만 다행'의 '천만', (5다´)의 '만인'의 '만'은 비진실적 수량이 된다. 또한 이미 통시적인 의미 변화를 거쳐 수량의미가 완전히 소실된 경우도 있다. 예컨대 '십분(十分)'과 같은 경우는 수량적 의미가 없어져 '아주 충분히'라는 의미로 '너의 처지를 십분 이해한다'에서처럼 통사적으로 부사의 기능을 하고 있다.

또한 이런 경우는 속담이나 성구에서도 찾아볼 수 있는데 '오십보백보(五十步百步)'와 같은 경우에 '50'이나 '100'이라는 수량과 상관없이 '조금 낫고 못한 정도의 차이는 있으나 본질적으로는 차이가 없음'을 의미하는 말이다(예 : 49등이나 50등이나 오십보백보다).

4.2.2. 객관적 수량과 주관적 수량

객관성과 주관성의 특성을 가지는 언어범주의 수량은 객관적 수량과 주관적 수량으로 나눌 수 있으며 주관적 수량은 다시 주관적 대량과 주관적 소량으로 나누어 볼 수 있다. 인지범주의 수량과 언어범주의 수량 모두 객관성을 가지므로 객관적 수량이 있고 언어범주의 수량은 주관성도 가지므로 주관적 수량이 있게 되는데 한국어에서 어떤 요소로 표현되는지 살펴보도록 하자.

한국어에서 주관적 수량은 주관적 대량과 주관적 소량으로 나눌 수 있는데 주관적 대량은 '그 수량이 많다'고 하는 평가가 부여된 수량 표현이고 주관적 소량은 '그 수량이 적다'고 하는 평가가 부여된 수량 표현을 가리킨다. 주관적 대량 표현은 '수량을 나타내는 말 앞에 쓰여' 그 수가 예상보다 상당이 많음을 나타내는 말인 부사 '무려'와 '수량을 나타내는 말 뒤에 쓰여' 그 수가 많음을 나타내는 말인 특수조사 '-(이)나'가 있다. 그밖에 시간(나이)의 수량일 경우, 그 시간적 수량이 많다고 평가하는 의미가 부여된 표현은 '무려' 외에 '벌써'가 더 있다(예 : 벌써 세 시간 기다렸어, 벌써 서른이야). 그리고 주관적 소량 표현은 '겨우, 고작, 기껏' 등이 있으며 '불과', '뿐', '-밖에 없다' 등도 주관적 소량을 표현할 수 있다. 그밖에 수량이 시간의 수량일 경우 '겨우' 외에 '이제'도 시간의 주관적 소량을 나타낼 수 있다(예 : 이제 삼분 기다렸어, 이제 스무 살이야).

4.2.3. 명확한 수량과 부정(不定)적 수량

투명성과 모호성을 가지는 언어범주의 수량은 명확한 수량 표현과 부정(不定)적 수량 표현으로 나눌 수 있다. 한국어 수량 표현의 수사에는 '하나, 둘, 셋, 넷, 다섯, 여섯, 일곱, 여덟, 아홉, 열, 스물, 서른, 마흔, 쉰, 예순, 일흔, 여든, 아흔' 등과 같은 정확한 수량을 나타내는 정수(定數)뿐 아니라 개략적인 수량을 나타내는 '한둘, 두셋, 두서넛, 서넛, 너덧, 댓, 너더댓, 대여섯, 예닐곱, 일여덟, 여럿, 몇' 등과 같은 부정수(不定數)도 있다. 또한 명시적 수량 표현 즉 수사나 수량사구와 같은 표현과 어울려 수량의 모호성을 반영하는 '이상, 가량, 안팎, 내외, 내지, 초과, 미만' 등과 같은 명사들이 있는데 이 경우 앞의 수량 표현과 더불어 부정적 수량 표현이 되며 흔히 수량의 범위를 나타낸다. 예컨대, '정도'의 뜻을 더하는 접미사 '-가량(假量)'이 붙은 '10%가량/한 시간가량/30세가량', '어떤 수량이나 기준에 조금 모자라거나 넘치는 정도'의 뜻을 더하는 '-안팎'이 붙은 '십 리 안팎/100여 명 안팎/2만 원 안팎/10시 안팎/사십 안팎', '앞의 수량이 범위에 포함되지 않으면서 그 아래인 경우'를 나타내는 '미만'이 붙은 '오 세 미만/삼십 미만/천 명 미만', '일정한 수나 한도 따위를 넘음'을 의미하는 '초과'가 붙은 '30세 초과', '수량을 나타내는 말들 사이에 쓰여 얼마에서 얼마까지'의 뜻을 나타내는 말인 '내지'가 붙은 '열 명 내지 스무 명/백 평 내지 이백 평/하루 내지 이틀' 등과 같은 경우가 부정적 수량이 되며 수량의 범위를 나타낼 수 있다.

4.3. 명시적 수량과 내재적 수량

한국어에서 수량은 수사나 수량사구로 표현되는 명시적 수량과 기타 언어 수단으로 표현되는 내재적 수량으로 분류할 수 있다.

'수량'은 인간이 주변세계를 인식하고 기술하는 중요한 개념이며 사물, 사건, 성상(性狀) 등으로 이루어지는 우리의 인지 세계에는 수량개념이 포함되지 않는 데가 없다. 사물의 수량은 공간과 관계되고 사건의 수량은 시간과 관계되며 사물 및 사건의 통계나 환산은 흔히 수사나 수량구성과 같은 명시적인 수량 표현을 사용하게 되며 성상(性狀)의 수량은 일반적으로 계산에 이용되지 않으며 수사나 수량사구로 표현되는 것이 아니라 정도를 나타내는 어휘로 그 수량의 등급을 나타내게 된다. 그러므로 수량범주 역시 명시적으로 수량의 의미를 나타내는 범주와 내재적으로 수량의 의미를 나타내는 범주가 있게 되는데 수사나 수량사구(수사와 단위사의 결합)와 같은 경우는 수량의미를 명시적으로 나타내는 명시적 수량이고 다음 (10), (11)과 같은 경우는 수량의미를 내재적으로 나타내는 내재적 수량이다.

(10) 가. 이상, 가량, 안팎, 내외, 내지, 초과, 미만, 들03, 장기간, 요즈음, 연말, 이전, 쌍둥이, 또래, 가족, 대중, 무리, 떼, 숲

　　 나. 많다, 적다, 흔하다, 잦다, 가깝다, 근접하다, 넘다, 초과하다

　　 다. 자주, 일쑤, 많이, 너무, 아주, 매우, 조금, 갑자기, 잠깐

　　 라. 모든, 전부, 모조리

　　 마. -나

　　 바. -거리-, -대-, -이-

　　 사. -들09, 단-, 홑-, 덧-, 겹-, 복-, -끼리, -진, -투성이, -배, -네, -여, -대, -질

　　 아. 우리, 너희

　　 자. -자(-자꾸나), -ㅂ시다

　　 차. 짝, 켤레, 쌍, 벌; 다발, 묶음, 질, 축, 갓, 거리, 접, 두름, 쾌, 톳, 판

(11) 가. 집집/집집이, 나날/나날이, 곳곳/곳곳이, 구석구석, 소리소리

　　　나. 개개이, 낱낱이, 쌍쌍이, 번번이, 마디마디, 가지가지, 송이송이, 조목조목

　　　다. 깊이깊이, 빨리빨리, 오래오래, 자꾸자꾸, 문득문득

　　　라. 쓰디쓰다. 달디달다, 곱디곱다, 크나크다, 기나길다, 머나멀다

　　　마. 끼리끼리

　　　사. '-거나 -거나' 구성, '-느니 -느니' 구성, '-든가 -든가' 구성, '-든지 -든지' 구성, '-으나 -으나' 구성

　　　아. (십억)에 가까운, (5억)을 넘는, (2억)을 웃도는, (열 개) 뿐이다, (열 개)밖에 없다

(10)의 예들은 수량의미를 내재적으로 나타내는 경우이다. 구체적으로 살펴보면 (10가)의 '이상(以上)'은 '수량이나 정도가 일정한 기준보다 더 많거나 나음. 기준이 수량으로 제시될 경우에는, 그 수량이 범위에 포함되면서 그 위인 경우를 가리키'고 (10나)에서 '많다, 적다, 흔하다, 잦다' 등은 '수량'에 대한 평가이고 '수량' 자체의 의미는 아니다. 그리고 '가깝다, 근접하다'는 '기준 수치에 접하다'라는 뜻이고, '넘다, 초과하다'는 기준 수치를 지난(벗어난) 수치를 나타낸다. (10다)의 '자주'는 사건이나 동작의 빈도 수량을 나타내고 '일쑤'는 '드물지 아니하게 흔히'의 뜻으로 사건의 빈도 수량의 의미가 있는 부사이다. (10라)는 '전칭(全稱)'의 판단의 양을 가리킨다. (10마)는 (수량이나 정도를 나타내는, 체언이나 부사어 뒤에 붙어) 크거나 많은 수량임, 또는 정도가 높음을 강조하는 보조사로, '어떻게 앉은 자리에서 달걀을 다섯 개나 먹었느냐?'와 같이 흔히 놀람의 뜻이 수반된다. 또한 "몇 시나 되었을까?"처럼 (수량의 단위나 정도를 나타내는, 체언이나 부사어 뒤에 붙어)수량이나 정도를 어림잡는 뜻을 나타내기도 하고 "사위가 온다고 닭 마리나 잡았지"처럼

(수량의 단위나 정도를 나타내는, 말 뒤에 붙어) 많지는 아니하나 어느 정도는 됨을 나타내기도 한다. (10바)의 '-거리-'와 '-대-'는 동사를 파생시키는 접미사 중에서 가장 생산적인 접미사들로, 동작성 어근과 결합하여 어기가 의미하는 동작이 반복적으로 이루어짐을 나타낸다(송철의 1992 : 189). 이병근(1986 : 401)에서는 '-거리다/-대다'는 동사와 파생접미사의 중간적 위치에 있다고까지 하였는데 '동작의 반복'이 바로 그 동사적 의미 특성이라고 할 수 있다. 그리고 '-이-'에 대해서 송철의(1992 : 198)에서는 기본적으로 '반복적 동작'이라는 의미를 갖는다고 하였으며 이는 '끄떡하다'와 '끄떡이다', '깜박하다'와 '깜박이다' 등을 비교해 보면 '-이-'가 반복적 동작과 관련된다는 것을 쉽게 알 수 있다고 하였다. 한편 (10사)의 '-들'은 (셀 수 있는 명사나 대명사 뒤에 붙어) '복수(複數)'의 뜻을 더하는 접미사이고 '-질'은 도구를 나타내는 일부 명사 뒤에 붙어서 '그 도구를 가지고 하는 일'의 뜻을 나타내는데 대개는 그런 행위가 반복적으로 혹은 지속적으로 이루어지는 의미를 갖게 된다(송철의 1992 : 165). 예컨대, '가위질/부채질' 등과 같은 것이다. (10사)의 '-끼리'는 '복수성을 가지는 대다수 명사 또는 명사구 뒤에 붙어 '그 부류만이 서로 함께'의 뜻을 더하는 접미사로서 '우리끼리/자기들끼리'와 같이 쓰인다. 그리고 (10아)의 '우리'는 대명사로, 말하는 이가 자기와 듣는 이, 또는 자기와 듣는 이를 포함한 여러 사람을 가리키는 일인칭 대명사로 '여러'라는 복수의 의미를 지닌다. 그밖에 (10자)의 '-자'는 동사 어간 뒤에 붙어 해라할 자리에 쓰여, 어떤 행동을 함께 하자는 뜻을 나타내는 종결 어미이고 '-ㅂ시다'는 하오할 자리에 쓰여, 어떤 행동을 함께 하자는 뜻을 나타내는 종결 어미로, 모두 '함께 하는 사람들'이라는 '복수'의 수량적 의미를 나타내고 있다. 그리고 (10아)는 명시적 수량 표현과 함께 수량의미를 보충해주는 구라고 할 수 있다.

이상과 같이 (10)은 직접적이고 명시적인 수량의 의미는 아니지만 간접적으로 수량의 의미를 나타내는 경우로, 수량의 표현과 함께 보충적 의미를 더하거나 수량의미를 평가하는 등 수량의미와 관계되는 표현들이다. 이런 표현들은 (10마, 10바, 10사)와 같은 형태소가 있는가 하면 (10가)와 같은 명사나 의존명사, (10다, 10라)의 부사, (10나)의 동사, (10아)의 대명사, (10자)의 어미, (10차)의 분류사 등 다양한 통사적 단위들이 있음을 볼 수 있다. (10차)에서 '짝, 켤레, 쌍'에는 숫자 '2'라는 수량적 의미가 내포되어 있으며 '갓, 두름'은 10, '쾌'는 '20', '판'은 '30', '톳'은 '40', '거리'는 '50', '접'은 '100'의 수량적의미가 있다. 그밖에 '다발, 묶음, 질, 축' 등은 한정된 숫자의 의미는 아니나 '많은 수'라는 수량적 의미를 내포하고 있다.

그밖에 내재적 수량의미를 나타내는 표현형식으로 반복 구성이 있다. (11가)는 명사의 반복형으로 '모든' 또는 '모두'라는 전칭의 수량적 의미를 나타내고 (11나)는 분류사의 반복형으로, '-마다', '모두'의 수량적 의미를 나타내며 (11다)는 부사의 반복형으로 정도나 시간의 수량적 의미가 있으며 (11라)는 형용사의 반복형으로 정도의 수량적 의미가 있다. 그리고 (11마)는 조사의 반복형으로 '여럿이 무리를 지어 따로 따로'라는 뜻으로 '복수'라는 뜻이 있다. 한편 (11사)는 어미의 반복형 구성으로, '나열된 동작이나 상태, 대상들 중에서 어느 것이든 선택될 수 있음'을 나타내며 '둘 이상의 동작이나 상태, 대상'을 나타낸다는 수량적 의미가 있다.

4.4. 수학 개념에 근거한 분류

수량범주는 수학적 개념에 의해 분류할 수 있다. Lakoff(1987)는 '정수(整數)'가 수량 중에서 가장 기본적인 개념이라고 하였다. 따라서 수량은

'정수수량'과 '비정수수량'으로 나눌 수 있으며 정수수량은 주로 '정수'를 기본으로 이루어진 수량으로 예컨대 '사과 두 개', '학생 두 명'에서 '둘'이 정수이고 '두 개', '두 명'이 정수수량이다. 한편 비정수수량은 '비정수'로 이루어진 수량으로 직접적으로는 소수나 분수로 이루어진 수량이며 '반'과 같은 말로도 가능하다. 예컨대, '사과 한 개 반', '물 1.8리터'의 경우 '한 개 반'이나 '1.8리터'와 같은 경우이다. 자연수에서 정수는 단수, 쌍수, 복수 등으로 분류되듯이 정수수량 역시 단수수량, 쌍수수량, 복수수량으로 분류할 수 있다. 예컨대, '하나'의 의미를 가지는 '한 마리', '나/너/그' 등은 단수수량이고 '둘'의 의미가 있는 '두 개', '짝, 벌, 손, 켤레' 등과 같은 표현은 쌍수수량이며 '셋이나 셋 이상'의 의미가 있는 경우는 복수수량이 된다. 예컨대, '갓, 거리, 접, 두름, 쾌, 톳, 판, 우리, 너희, 끼리끼리, 무리, 떼, 대중' 등과 같은 것들이 있다.

수 {
　정수수량 { 단수수량
　　　　　　쌍수수량
　　　　　　복수수량
　비정수 { 분수
　　　　　소수
}

이상의 수량분류의 체계를 표로 정리하면 다음과 같다.

수량 {
　기본 분류 { 사물의 수량
　　　　　　동작의 수량
　　　　　　시간의 수량
　기타 분류 { 진실적 수량/비진실적 수량
　　　　　　주관적 수량/객관적 수량
　　　　　　명확한 수량/부정적 수량
　　　　　　명시적 수량/내재적 수량
　　　　　　정수/비정수
}

5. 한국어의 수량 표현

이상 한국어의 수량범주의 특성 및 체계에 대한 검토에서 보다시피 한국어에서 수량적 의미는 명사, 수사, 분류사, 형용사, 동사, 양화사, 의존명사, 조사, 어미, 수량사구, 반복구성 등 다양한 요소와 단위로 표현되고 있으며 그 중 수사나 수사와 단위사(분류사)의 결합으로 이루어진 수량사구로 표현되는 것이 전형적이고 이는 명시적 표현에 속하며 그밖의 요소들로 표현되는 경우는 수량 의미를 간접적으로 표현하거나 수량 의미와 관련되는 것과 같은 내재적 표현에 속하게 된다. 이러한 요소는 다양한 통사적 범주에 걸쳐 나타나게 되는데 크게 어휘적 요소, 문법적 요소, 반복구성 요소, 구 등으로 나누어 볼 수 있다.

(10)에서 (10가)의 '이상, 가량, 안팎, 내외, 내지, 초과, 미만, 들03, 장기간, 요즈음, 연말, 이전, 쌍둥이, 또래, 가족, 대중, 무리, 떼, 숲' 등은 명사이고 (10나)의 '많다, 적다, 흔하다, 잦다, 가깝다, 근접하다, 넘다, 초과하다' 등은 형용사이며 (10다), (10라)의 '자주, 일쑤, 많이, 너무, 아주, 매우, 조금, 갑자기, 잠깐, 모든, 전부, 모조리) 등은 부사이다. 그리고 (10마)인 '-(이)나'는 특수조사이고 (10바, 10사)의 '-거리-, -대-, -이-, -들09, 단-, 홑-, 덧-, 겹-, 복-, -끼리, -진, -투성이, -배, -네, -여, -대, -질' 등은 접사이다. 한편 (10아)의 '우리, 너희' 등은 대명사이고 (10자)의 '-자(-자꾸나), -ㅂ시다' 등은 종결어미이며 (10차)의 '짝, 켤레, 쌍, 벌; 다발, 묶음, 질, 축, 갓, 거리, 접, 두름, 쾌, 톳, 판' 등은 분류사이다. 이처럼 수량범주를 나타내는 표현요소는 명사, 형용사, 부사, 접사 등과 같은 어휘적 요소가 있을 뿐만 아니라 조사나 어미와 같은 문법적 요소도 있다. 그런가 하면 (11)과 같은 반복구성과 구 및 절도 있다. (11가)의 '집집/집집이, 나날/나날이, 곳곳/곳곳이, 구석구석, 소리소리' 등은 명사

의 반복형이고 (11나)의 '개개이, 낱낱이, 쌍쌍이, 번번이, 마디마디, 가지가지, 송이송이, 조목조목' 등은 분류사의 반복형이며 (11다)의 '깊이깊이, 빨리빨리, 오래오래, 자꾸자꾸, 문득문득' 등은 부사의 반복형이고 (11라)의 '쓰디쓰다, 달디달다, 곱디곱다, 크나크다, 기나길다, 머나멀다' 등은 형용사의 반복형이며 (11마)의 '끼리끼리'는 접사의 반복형이고 (11바)의 '-거나 -거나' 구성, '-느니 -느니' 구성, '-든가 -든가' 구성, '-든지 -든지' 구성, '-으나 -으나' 구성 등은 어미의 반복구성이다. 한편 (11아)의 '(십억)에 가까운, (5억)을 넘는, (2억)을 웃도는, (열 개) 뿐이다, (열 개)밖에 없다' 등은 수량 표현과 어울리어 보충적 의미를 더 해주는 구이다.

이는 다음과 같은 표로 정리해볼 수 있다.

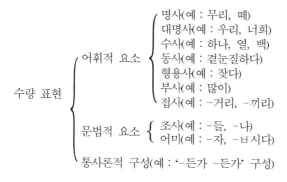

6. 맺음말

이 장에서는 한국어에서 수량범주는 양태범주, 공간범주, 시간범주 등과 같은 의미범주와 함께 의미문법연구의 일환으로 될 수 있음을, 수량범주의 개념, 수량범주의 특성, 수량범주의 체계, 수량범주의 표현 양상 등과 같은 문제를 중심으로 논의해보았다. 요컨대, 수량범주는 사물(사람 및 공간 포함)이나 사건(동작 포함) 및 시간의 수량적 규정(많고 적음, 크기, 높이, 길이, 속도, 면적, 체적, 범위 등등)을 위해 필요한 형식이나 수단의 집합이며 이런 수량범주를 표현하는 형식이 수량 표현이다. 한국어에서 수량 표현은 독립된 언어적 요소로, 수량의 의미를 명시적이거나 내재적으로 표현하며 통사적으로 접사, 조사, 단어, 구와 절 등 여러 가지 다양한 범주를 통해 나타난다. 수량범주의 특성은 기본적으로 체계성, 연속성, 등급성, 정도성, 객관성, 투명성 등이 있으며 그밖에 주관성, 모호성, 비진실성 등과 같은 특성도 있음을 밝혔다. 그리고 수량범주의 이런 특성을 바탕으로 수량범주의 체계를 기본분류와 기타분류로 나누어 보았다. 기본분류는 수량의 대상에 따라 나눈 분류로, 사물의 수량, 동작의 수량, 시간의 수량 등으로 나눈 분류이다. 기타분류는 수량의 진실성 여부에 따라 진실적 수량과 비진실적 수량, 주관성 존재 여부에 따라 주관적 수량과 객관적 수량, 모호성을 가지는지 여부에 따라 명확한 수량과 부정(不定)적 수량, 표현요소가 수사나 수량사구인지 여부에 따라 명시적 수량과 내재적 수량 등으로 나눈 분류이다.

이러한 연구는 한국어의 의미문법연구의 내용을 풍부히 하는 기초적인 연구로, 역으로 문법 범주의 의미 규명에도 도움이 될 수 있음을, 주로 분류사의 분류체계를 재조명해 보는 것을 통하여 논의하였다. 그 외에도 특수조사 '-(이)나'의 의미 및 양태 부사 '겨우'의 의미적 특성 등을 밝히는데 있어서도 의의가 있을 것이다. 한국어에서 수량범주를 객관적 수량과 주관적 수량으로 분류함으로써 수량 표현과 어울리는 특수조사 '-(이)나'의 의미적 특성을 한층 본질적으로 파악할 수 있게 된다. 즉 이 경우의 '-(이)나'는 주관적 수량의 의미에서 주관적 대량의 의미를 가지는 것으로, '수량이 크거나 많다'고 하는 화자(서술자)의 양태를 나타내고 있음을 밝힐 수 있다. 그리고 부사 '겨우'의 사전적 의미에는 부사 '무려'와 대응되게, '수량을 나타내는 말 앞에 쓰여' 그 수가 '예상보다 아주 적음'을 나타낸다는 의미를 보충하는 것이 바람직하다는 것도 알 수 있다.

제3장 한국어의 주관적 수량

1. 주관적 수량

주관적 수량(Subjective Quantity)[1]에 대한 연구는 영어 학계나 중국어 학계에서 비교적 활발히 이루어지고 있다. 특히 중국어 학계에서는 현대 한어에서 뿐만 아니라 고대한어와 방언에서까지 폭넓게 연구되고 있는 실정이다(羅榮華(2010)의 정의 참고). 중국어 학계에서 비교적 일찍 주관적 수량 표현에 대해 주목한 연구로는 馬眞(1981), 施關淦(1988), 張誼生·吳 繼光(1994) 등이 있으며 '주관적 수량'이라는 개념을 명확히 제기하고 논 의한 연구는 陳小荷(1994)이다. 한편 이러한 언어현상에 대하여 국어 문 법 연구에서도 일찍 단편적으로 추구해왔었다. 바로 양인석(1973), 홍사만 (2002)에서 언급되는 '확대/축소'의 개념인 바, 보조사 '나'가 수량사구와 통합되는 분포를 보일 때의 의미적 특성에 대하여 '확대'나 '과장'이라

---

1) 이를 중국어학계에서는 '主觀量'이라고 하며 양해승(2014)에서도 이를 따라 '주관량' 이라고 함.

고 보고 보조사 '만'이 수량 표현과 어울리면 '축소'의 의미기능이 있다고 한 경우이다.[2] 다만 이와 같은 양상에 대하여 보조사 '나'나 '만'의 경우에 한해서만 취급하였기에 이러한 양상이 보조사와 같은 문법 단위뿐만 아니라 기타 부사와 같은 단어 차원이나 통사적 구성과 같은 단위의 차원에서 어떻게 나타나는지가 밝혀지지 않았다. 한마디로 언어의 차원에서 다양한 언어적 단위로 실현되는 양상에 대한 의미론적 접근의 체계적인 논의로 이어지지 못한 한계가 있다. 그리고 한국어의 주관적 수량에 대해서는 李善熙(2003)에서 漢語의 주관적 수량 표현을 연구하면서 언급하였는데 주관적 수량 표현의 전형적인 요소에 대해 밝히지 못하였고 채옥자(2014b), 양해승(2014)에서 본격적인 논의가 시도되었으나 아직까지 주관적 수량에 대한 연구는 개념의 정립을 비롯하여 하위범주 등 여러 면에서 보다 깊이 있고 체계적인 논의가 필요한 시점이다.

1.1. 기존 연구에 대한 검토

주관적 수량의 개념과 관련하여 중국어 학계의 연구를 살펴보면, 주관적 수량의 개념을 최초로 언급한 陳小荷(1994 : 18)에서는 '주관적 수량(主

---

2) 보조사 '나'에 대하여 양인석(1973)에서는 '수(numeral)를 더 크게 만드는 것'이라 하고, 강기진(1985)에서는 '초과성', 홍사만(1990, 2002)에서는 '확대 감탄적 첨의', 이익섭(2008)에서는 '놀라움', '과장', '강조'라고 하였다. 그리고 보조사 '만'에 대하여 양인석(1073 : 102), 홍사만(2002 : 250)에서는 '축소 제한'의 의미기능이 있다고 하였다. 그리고 채완(1998 : 128)에서는 특수조사 '-나'는 수량 표현에 붙은 경우에 특이한 의미 기능이 있는데 높은 수에 붙으면 그 수를 확대 해석하며 낮은 수에 붙으면 그것이 최소라는 의미를 나타낸다고 하였다. 이에 대해 주관적 수량의 개념으로 해석하면 보조사 '나'는 문장에 주어진 수량이 많다고 하는 평가를 부여하는 기능이 있으며 그 수량을 주관적 대량이 되게 하고 보조사 '만'은 어떤 수량이 적다고 하는 의미기능이 있으며 그 수량을 주관적 소량이 되게 한다. 다만 이 경우 '적다'의 평가적 의미지향성이 문맥을 통해 표현되는 수량에 향하고 있다고 본다.

觀量)'은 주관적인 평가 의미가 함축되어 있는 수량으로 객관적인 수량과 대립된다고 하였다. 그 후 중국어 주관적 수량에 대한 연구는 대부분 그의 견해를 따랐으며 李宇明(2000 : 111) 역시 '주관적 수량(主觀量)'은 주관적인 평가를 가지고 있는 수량이고 '객관적 수량(客觀量)'은 주관적인 평가를 가지지 않은 수량이라고 비슷하게 정의하였다. 그러다가 李善熙 (2003 : 10)에 와서는 '주관량(주관적 수량)'은 언어의 주관성이 양범주에 반영되어 형성된 개념으로, 언어의 주관성의 양범주에서의 구체적인 표현이며 사람의 인지는 수동적으로 객관세계의 양을 반영하는 것이 아니라 항상 주관적인 느낌, 태도와 평가를 부여하여 객관적 수량이 일정한 주관성을 가지게 한다고 하였다. 이를 긍정적으로 받아들인 羅榮華(2010 : 34)은 주관적 수량은 언어의 주관성이 양범주에 반영된 구체적 표현으로, 주관적인 느낌, 태도 및 평가의 의미를 지닌 수량이라고 정의하고 있다. 이상과 같은 개념으로 주관적 수량에 대하여 행해진 연구는 陳小荷(1994)를 대표로 하는 연구와 羅榮華(2012)를 대표로 하는 연구 두 가지 유형으로 나누어 볼 수 있는데 구체적으로 살펴보도록 하자.

陳小荷(1994 : 18)에서는 주관적 수량은 주관적 평가의 의미가 함축되어 있는 수량이며 객관적 수량은 주관적 평가의 의미가 함축되어 있지 않은 수량이라고 정의하고 주로 중국어 주관적 수량 표현의 유표적 단어인 부사 '就(이미, 벌써)', '才(이제, -나, 겨우)', '都(이제, 벌써)'가 수량 표현과의 분포적 특성을 보일 때 나타내는 주관적 수량의 의미지향성을 다루고 있다. 특히 주관적 수량의 개념에 대해서는 예컨대, '都三天了(벌써 사흘째이다 또는 사흘이나 된다)'는 주관적 대량의 표현이고 '才三天(이제 사흘이다, 사흘밖에 되지 않는다)'은 주관적 소량의 표현이라고 하면서 주관적 수량과 객관적 수량 및 주관적 대량과 주관적 소량의 관계를 다음과 같은 도식으로 표시하였다.

$$\begin{cases} \text{객관적 수량(주관적 평가가 함축되지 않은 수량)} \\ \text{주관적 수량(주관적 평가가 함축된 수량)} \begin{cases} \text{주관적 대량(많다는 평가)} \\ \text{주관적 소량(적다는 평가)} \end{cases} \end{cases}$$

<도식 1>

한편 羅榮華(2012 : 16)에서는 주관적 수량의 개념 정립에 있어서 陳小荷(1994), 李宇明(2000)의 정의는 중국어 주관적 수량 표현의 모든 경우를 개괄하기에 부족함이 있다고 지적하면서, 주관적 수량(主觀量)의 구체적인 표현을, 화자가 수량의 크기를 평가하는 경우, 화자가 실제수량을 확대 혹은 축소하여 자기의 강한 주관적인 태도를 나타내는 경우, 화자 또는 청자가 두 개의 수량 표현에 대한 대비를 통해 어느 한 수량에 대한 평가나 태도를 나타내는 경우 등이라고 정의하였다. 그리고 주관적 수량(主觀量), 주관성 범주(主觀範疇), 수량범주(量範疇)의 관계를 다음과 같은 도식으로 표시하였다.

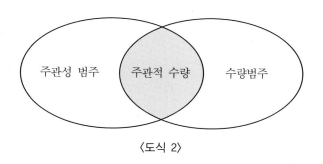

<도식 2>

羅榮華(2012)는 이상과 같은 개념으로, 고대한어 주관적 수량의 표현에 대하여 주관적 대량의 어휘적 수단, 주관적 소량의 어휘적 수단, 주관적 수량의 문법적 수단, 주관적 수량의 수량과장 수단 등으로 나누어 논의하였다. 그중 주관적 대량과 주관적 소량의 어휘적 요소를 살펴보면, 우

선 주관적 대량의 어휘적 수단은 다시 '達到(이르다)'와 '超過(넘다)'류의 단어와 주관적 대량, 이동동사 '至, 到, 達(이르다)' 등과 주관적 대량, '接近(가까이)'류 단어와 주관적 대량, '連續'류 단어와 주관적 대량, 부사 '才(이제, -나, 겨우)'와 주관적 대량, 및 기타 부사 竟(무려), 好(-나), 就(이미, 벌써) 등)와 주관적 대량 등으로 나누어 분석하였고 주관적 소량의 어휘적 수단은 다시 '不過(지나지 않다, 불과하다)', '不到(못 미치다)'류의 단어와 주관적 소량, 한정부사 '不過(에 불과하다)'와 주관적 소량, 기타 부사 '至多(많아야)', '頂多(기껏해야)' 등 부사와 주관적 소량, 부사 '就(이미, 벌써)'와 주관적 수량 등으로 나누어 다루고 있다.

羅榮華(2012)와 같은 개념으로 연구된 李善熙(2003 : 138-148)은 '반복형과 주관적 수량'이라는 장에서 체언의 반복과 주관적 수량, 동사의 반복형과 주관적 수량, 형용사의 반복형과 주관적 수량이라는 절을 설정하고 주관적 수량에 대하여 논의하였다. 예컨대, 漢語의 방언에서 명사의 반복형, 量詞의 반복형, 수사의 반복형은 주관적 수량을 나타내는데 그중 명사의 반복형은 주관적 소량을 나타낸다고 하였다. 예컨대, 青海樂都 방언에서 '山山'은 '작고 높지 않은 산'을 나타내어 주관적 소량을 나타내는 경우라고 하였다. 그리고 동사의 반복형은 주관적 소량을 나타내는데, 예컨대 '看看書(책이나 보다)'와 같은 경우이며 형용사의 경우, 성질형용사는 주관적 대량(예 : 重重地給我一拳(나를 힘껏 주먹으로 내리쳤다)의 '重重')을 나타내기도 하고 주관적 소량(예 : 大大的眼睛(큰 눈)의 '大大')도 나타내며 상태 형용사는 '增量'의 의미가 있다고 하였다(예 : 雪白雪白(희디흰)).

1.2. 주관적 수량의 개념

주관적 수량의 개념 및 주관적 수량에 관한 기존 연구에 대한 검토를 통하여 주관적 수량은 다음과 같은 두 가지 차원에서 연구될 수 있음을 알 수 있다.

(1) 주관적 수량은 양태 표현의 하나로 연구될 수 있다(陳小荷(1994), 李宇明(2000), 채옥자(2014b) 등). 흔히 양태의 의미를 '명제에 대한 화자의 태도'로 인식하여 논의하는 것과 마찬가지로 문장에 나타난 명제인 수량에 대한 화자의 '많다/적다'고 하는 평가를 논의하는 것으로, 이때 그 수량은 주관적 수량이 되고 그 표현은 주관적 수량의 표현이 되며 그 표현의 기능은 화자의 주관적인 평가를 나타내는 기능이 있다고 할 수 있다.

(2) 주관적 수량은 포괄적인 개념으로, 시간범주, 공간범주와 같은 의미론적인 범주인 수량범주의 하위범주로 연구될 수 있다(羅榮華(2012), 李善熙(2003) 등). 이 경우 주관적 수량은 '많다/적다'의 의미가 함축되어 있는 수량으로 첫째의 경우와 같이 문장에 명제로 나타날 수 있을 뿐 아니라 문맥을 통해 표현될 수도 있다. 그리하여 이런 주관적 수량의 의미에는 문법적인 의미 외에 화용론적인 의미도 포함하게 된다.

이상 (1), (2)와 같이 두 가지 차원에서 연구된 주관적 수량은 화자의 주관성(주관적인 평가)이 반영되었다는 면에서 일치성을 보이고 있으나 주관적 수량이 문장에 나타난 명제의 수량인지 여부에 따라 그 표현 요소들은 다음과 같은 의미론적 차이가 있음을 알 수 있다.

첫째, 평가라는 양태의 의미지향성[3]이 다르다.

---

3) Palmer(1979/1995 : 36)는 화·청자 지향성을 표현하기 위하여 '담화 지향적(discourse-oriented)'이라는 용어를 사용하고 胡裕樹(1994 : 57)는 문장에서 단어가 의미적으로

주관적 수량은 화자의 주관성이 반영된 수량 즉 화자의 주관적인 평가가 부여된 수량이다. 이런 수량은 그 표현 요소의 기능에 의하여 문장의 명제가 될 수도 있고 문맥을 통해 표현될 수도 있다. 이 경우 주관적 수량의 표현 요소들은 평가의 의미 지향적 속성이 달라진다. 즉 어떤 요소들은 평가의 의미지향성이 명제로 나타난 주관적 수량에 향하게 되고 또 어떤 요소들은 그 의미지향성이 문맥을 통해 표현되는 수량에 쏠리게 되는 것이다.

둘째, 수량적 의미가 명시적이거나 부정(不定)적이다.

문장의 명제가 되는 주관적 수량은 수량적 의미가 명시적인 수량사구(NP)가 되어 평가대상의 수량이 되지만 문맥을 통해 표현되는 주관적 수량은 [부정(不定)]의 의미자질을 가지게 되며 문장에 수량사구가 나타날 경우 그 수량과 수학적 관계를 가질 수 있다.

셋째, 표현 요소들의 의미적 기능이 다르다.

문장의 명제가 되는 주관적 수량의 표현요소들은 그 수량에 대하여 화자가 '많다/적다'로 평가하는 기능이 있고 문맥을 통해 표현되는 주관적 수량의 표현요소들은 어떤 수량이 '많음/적음'을 표현하는 기능이 있다.

(3) 가. 메신저 이용자 수는 무려 400명이 넘는다. …

　　나. 그들은 10년 동안 겨우 다섯 번 만났다.

(4) 가. 그는 적어도 사십 세는 되었을 것이다.

　　나. 탈당할 수 있는 의원들은 많아야 10여명 정도일 것이다.

지배하거나 설명하는 방향이라는 개념으로 '語義指向'이라는 용어를 사용한다.

(3가)의 '400명'은 협의적 개념의 주관적 대량이고 (3나)의 '다섯 번'은 협의적 개념의 주관적 소량이다. 그리고 (4가)는 광의적 개념의 주관적 대량의 의미이고 (4나)는 광의적 개념의 주관적 소량이다. 하지만 (3)과 (4)의 주관적 수량 표현 요소들은 의미론적으로 차이가 있다. 즉 (3가)에서 메신저 이용자 수인 '400명'이 주관적 대량이 되는 것은 부사 '무려'가 뒤에 오는 수량을 '많다'고 평가하는 기능이 있기 때문이다. 이 경우 '400명'은 명시적인 수량 표현으로 문장의 명제가 되며 부사 '무려'의 평가대상이 되는 수량이고 주관적 대량 표현 요소인 부사 '무려'의 '많다'의 평가적 의미지향성이 향하게 되는 수량이다. 반면, (4가)에서 '적어도'는 '아무리 적게 잡아도'의 뜻인 바, 적게 잡은 수량이 '사십 세'이므로 주관적 대량이 되는 것은 '그 사람의 실제 나이'가 된다. 즉 '많다'고 하는 화자의 평가적 의미지향성은 '그 사람의 실제 나이'인 수량 즉 문맥을 통해 표현되는 수량에 쏠리게 된다. 그리고 그 사람의 실제 나이는 '사십 세 이상일 것'이라는 [+부정]의 의미적 특성이 있다. 화자는 '적어도+NP'라는 구조로 실제수량은 적게 잡은 'NP'보다 '많은 수량임'을 나타내고 있다. 마찬가지로 (3나)의 '다섯 번'이 협의적 개념의 주관적 소량이 되는 것은 주관적 소량의 표현 요소인 부사 '겨우'가 뒤에 붙는 수량을 '적다'고 평가하는 기능이 있기 때문이다. 이 경우 '다섯 번'은 명시적인 수량 표현으로 문장의 명제가 되며 부사 '겨우'의 평가대상이 되는 수량이고 주관적 소량 표현 요소인 부사 '겨우'의 '적다'의 평가적 의미지향성이 향하게 되는 수량이다. 반면, (4나)에서 '많아야'는 '많아 봤자'라는 뜻으로, 많이 잡은 수량이 '10여명 정도'이고 실제수량은 그 수량보다 적은 수량이라는 의미를 나타낸다. 그러므로 이 경우 주관적 소량 즉 화자가 '적다'고 평가하는 수량은 '10여명 정도'가 아니고 '10여명 정도보다 적은 수량'이 될 것이다. 따라서 광의적 개념의 주관

적 소량의 표현 요소인 '많아야'의 평가적 의미지향성은 문맥을 통해 표현되는, 주어진 수량과 수학적 관계를 가지는 수량에 쏠리게 된다. 화자는 '많아야+NP'라는 구조로 실제수량은 많이 잡은 'NP'보다 '적은 수량임'을 나타내고 있다.

이상 논의를 통하여 우리는 '주관적 수량'의 개념을 다음과 같이 좁은 의미와 넓은 의미의 개념으로 정립하고자 한다.

협의적 : 주관적 수량은 문장에서 화자의 주관적인 평가가 부여되는 수량이다. 주관적 수량 표현의 의미적 특성은 수량 표현과 통합되어 그 수량이 '많음/적음'을 나타낸다. 주관적 수량 표현의 의미적 기능은 수량에 대한 화자의 양태적 의미 즉 '많다/적다'의 평가 의미를 나타내는 기능이다. 즉 수량에 화자의 '많다/적다'고 하는 [+평가]에 대해 형태적으로 유표적인 것이다.

광의적 : 주관적 수량은 화자의 주관성[4]이 함축되어 있는 수량이다. 주관적 수량 표현의 의미적 특성은 '많다/적다'의 의미가 함축되어 있는 표현이다. 주관적 수량 표현의 의미적 기능은 '많음/적음'의 수량을 표현하는 기능이다.

넓은 의미의 주관적 수량은 포괄적인 개념으로 좁은 의미의 주관적

---

4) 수량의 특성으로 말미암아 수량에 대한 화자의 주관성은 일차적으로 '많다/적다'고 하는 화자의 평가로 나타나며 화자의 느낌과 같은 경우는 수량이 '많음/적음'으로 인한 태도라고 할 수 있다.

수량을 포괄하게 된다. 따라서 넓은 의미의 주관적 수량을 연구함에 있어서는 좁은 의미의 주관적 수량의 범주를 하나의 하위범주로 잡을 수 있다. 다만 넓은 의미의 주관적 수량의 연구에 있어서 문장에 수량사구와 같이 명시적 수량의미의 표현이 있을 경우, 협의적 의미의 주관적 수량인지 광의적 의미의 주관적 수량인지를 분명히 하여 다른 논리적 층위에서 해석을 꾀해야 할 것이다. 그것은 주관적 수량을 좁은 의미로 잡느냐 넓은 의미로 잡느냐에 따라서 넓은 의미로는 주관적 수량이지만 좁은 의미로는 주관적 수량이 아닌 경우가 있고 같은 하나의 주관적 수량 표현이 좁은 의미로는 주관적 소량이 되지만 넓은 의미로는 주관적 대량이 되기도 한다. 따라서 좁은 의미의 개념과 넓은 의미의 개념에 대한 명확한 구분을 전제로 하지 않는다면 자가당착에 빠지는 해석이 생길 수도 있다. 예컨대, 좁은 의미의 주관적 수량을 기준으로 한다면 李善熙(2003)의 반복형, 羅榮華(2012)의 수량과장 등으로 나타나는 수량은 주관적 수량이 아니다. 羅榮華(2012 : 22)에서는 李白의 시구 '飛流直下三千尺'의 '三千尺(삼천척)'을 수량과장으로 나타낸 주관적 대량이며 실제수량보다 큰 확대식 과장으로 나타낸 주관적 대량이라고 하였는데 이런 경우도 넓은 의미의 주관적 대량이 되고 좁은 의미의 주관적 대량은 아닌 것이다.

1.3. 주관적 수량의 하위 범주

이상에서 볼 수 있듯이 좁은 의미와 넓은 의미의 주관적 수량은 화자의 주관성이 반영된다는 공통점을 가지고 있으나 세부적으로 의미론적 차이가 있는 개념이다. 따라서 그런 개념으로 설정되는 하위 범주도 달리 세워져야 할 것이나 여기에서는 협의적 주관적 수량의 개념으로 한국어 주관적 수량의 하위범주를 세워보고자 한다. 다음 <표 1>은 협의적 주관적 수량의 경우, 한국어의 주관적 수량 표현의 분류이다.

주관적 수량 표현의 하위범주는 우선 주관적 수량의 의미적 특성으로부터 주관적 대량표현과 주관적 소량표현으로 나누고 다음 수량범주의 기본 유형에 따라 사물(동작)의 주관적 수량 표현, 시간의 주관적 수량 표현으로 나누며 그리고 나서 그러한 수량 표현이 나타나는 언어적 단위 별로, 어휘적 요소, 형태적 요소, 통사론적 구성요소 등의 표현으로 나눌 수 있다.

〈표 1〉

평가 의미 \ 수량대상 언어적 단위		사물(동작)의 주관적 수량	시간의 주관적 수량
주 관 적 대 량	어휘적 요소	무려	무려, 벌써, 이제(는)
	문법적 요소	-나	-나
	통사적 구성 요소	무려…나	무려…나, 가(이)+되다(지나다,넘다)+ (아/어여)서야, 에야 (비로소)
주 관 적 소 량	어휘적 요소	겨우, 고작, 기껏해야, 단지, 단	겨우, 고작, 기껏해야, 단지, 단 이제
	문법적 요소	-뿐, -밖에, 조차, 마저	-뿐, -밖에, 조차, 마저
	통사적 구성 요소	밖에 … 없다(안 되다) 조차 … 없다(안 되다) 마저 … 없다(안 되다) 도 … 없다(안 되다) -에 불과하다, -에 그치다 -에 지나지 않다,	밖에 … 없다(안 되다) 조차 … 없다(안 되다) 마저 … 없다(안 되다) 도 … 없다(안 되다) -에 불과하다, -에 그치다 -에 지나지 않다,

한편, 광의적 주관적 수량 표현의 경우에는 협의적 주관적 수량 표현 외에 반복형이 나타내는 '增量'의 의미 표현, 수량으로 나타내는 과장이나 축소의 표현 등도 다룰 수 있을 것이다. 특히 문맥을 통해 화자의 '많다/적다'고 하는 주관성을 나타내는 표현은 복수를 나타내는 표현도 포함되기에 음운론, 형태·통사론, 화용론 등 언어 층위에서 다양한 언어적 단위로 폭넓게 다룰 수 있을 것이다.

2. 한국어 주관적 수량 표현

한국어에서 부사 '무려(無慮)'는 수량을 나타내는 말 앞에 쓰여 그 수가 예상보다 상당히 '많은 수임'을 뜻한다. 그렇다면 수량을 나타내는 말 앞에 쓰여 그 수가 예상보다 적은 수임을 나타내는 낱말이 분명히 있을 것이다.[5] 그것은 수량범주에 있어서 '많다'와 '적다'는 한 쌍의 수량의 관계를 나타내는 범주이기 때문이다.[6] 다음 예를 보도록 하자.[7]

> (1) 가. 식물종류 중에서 인간은 단지 100여 종류를 재배하고 있다. 우
> 리는 이중에서도 겨우 30여 가지에서 식량의 85퍼센트를 제공
> 받으며 95퍼센트의 단백질과 열량을 해결하고 있다. … [도널

---

5) 『표준국어대사전』에 의하면 '무려(無慮)'의 사전적 의미는 '(수량을 나타내는 말 앞에 쓰여) 그 수가 예상보다 상당히 많음'을 나타낸다고 하였는데 정확히 말하면 '무려'의 사전적 의미는 '그 수가 예상보다 상당히 많은 수임'을 나타낸다고 해야 할 것이다. 그리고 사전의 뜻풀이에서 그 반대되는 상황인 '(수량을 나타내는 말 앞에 쓰여) 그 수가 예상보다 적은 수임'을 뜻하는 낱말은 찾아볼 수 없었다.
6) 아리스토텔레스(김진성 역주 2008 : 51, 오르가논 범주들·명제에 관하여)는 '많음/적음'은 어느 것도 양이 아니며, 오히려 그것들은 관계(의 범주)에 든다고 하였다.
7) 본고의 (1)부터 (27)까지의 예문들은 『21세기 세종계획』 말뭉치 용례에서 검색된 예문들이고 강조나 밑줄은 필자가 하였음.

에이 부리스 지음/박명숙 옮김, 장락, 2001]

나. 미국 재무부에 따르면, 싱가포르의 미국 국채 보유규모는 8월 말 794억 달러로 2월(1095억 달러)에 비해 무려 301억 달러가 줄었다(아시아경제 2013년 10월 31일 9면에서)

(1가)에서 부사 '겨우'는 뒤에 오는 수량 '30여 가지'가 수량적으로 '적다'고 평가하는 의미를 가지도록 한다. 이 경우 만일 '겨우'를 부사 '무려'로 바꾼다면 '무려'는 뒤에 오는 수량 '30여 가지'가 수량적으로 '많다'고 평가하는 의미를 가지게 한다. 한편 (1나)에서 부사 '무려'는 뒤에 오는 수량인 '301억달러'가 '많은 수량임'을 나타내는데 이 경우 부사 '무려'를 '겨우'로 바꾼다면 '301억달러'는 '적은 수량임'을 나타낼 것이다. 이로부터 같은 하나의 수량이, 화자에 따라 '많다' 혹은 '적다'로 평가 받을 수 있으며 한국어에서 '무려/겨우'는 '수량을 나타내는 말 앞에 쓰여' 그 수가 예상보다 상당히 '많다/적다'로 평가하는 표현임을 알 수 있다. 그렇다면 그밖에 이처럼 한국어 수량 표현에 있어서 그 수량이 '많다/적다(크다/작다)'의 평가적 의미를 가지게 하는 표현 즉 주관적 수량 표현들이 또 어떤 것들이 있을까 하는 문제가 제기된다.

주관적 수량(Subjective Quantity)[8]의 개념에 대하여 陳小荷(1994 : 18)에서는 '주관적 수량(主觀量)'은 주관적인 평가 의미가 함축되어 있는 수량으로 객관적 수량(客觀量)'과 대립된다고 하였다. 본장에서는 이런 개념으로 1절에서는 언어의 주관성과 수량범주가 가지는 주관성으로부터 주관적 수량의 생성 원인을 살펴보고 주관적 수량의 생성 기제를 밝히고자 한다. 2절에서는 한국어 주관적 수량 표현의 하위범주를 세우기 위하여 한국어 주관적 수량 표현의 분류를 시도해볼 것이다.

---

8) 이를 중국어학계에서는 '主觀量'이라고 함.

2.1. 주관적 수량의 생성 원인

주관적 수량이 생성되는 원인은 언어의 주관성 및 수량범주의 주관성에서 비롯된다고 할 수 있다.

언어의 의미에는 개념이나 정보적 의미 외에도 정서적 의미나 의지적 의미도 들어가 있다(김진우1999 : 45). 그리하여 언어의 존재 양상에 대하여, 언어를 사용하는 주체인 인간과 분리시키는 것이 아니라, 커뮤니케이션이라는 언어의 본질적인 기능으로부터 출발하여 항상 인간의 주관적인 정서 및 심리적 요인과 관련시켜 설명하려는 경향은 '언어 사용 주체'에 대한 관심을 불러일으키게 되었고 언어의 주관성에 관한 연구도 활발해지게 하였다.

언어의 '주관성'에 대하여, Finegan(1995 : 1)은 '주관성'이란 담화에서 화자 자신을 표현하거나 화자의 관점 혹은 화자의 흔적을 표현하는 것을 말하며 언어의 주관성 연구는 주로 화자의 시각(perspective), 화자의 감정(affect), 화자의 인식(epistemic modality) 등에 관한 연구라고 하였다.[9] 따라서 여기서 말하는 '주관성(subjectivity)은 철학적 개념이 아니고 인지적인 의미에서의 '주관성'이며 수량범주에서 실현된 개념으로, 주어진 수량에 대하여 '많다'거나 '적다'고 하는 화자의 평가를 말한다.

수량의 주관성에 대한 고찰은 일찍이 아리스토텔레스에서 찾아볼 수 있다. 그는 양 범주를 해석하면서 다음과 같이 지적하였다(아리스토텔레스 (김진성 역주) 2008 : 47-48).

---

9) Langaker(1991b : 316)는 개념화자가 어느 정도의 주관성 혹은 객관성으로 특별한 실체나 상황을 해석한다고 말한다. 한편 Langaker(1999 : 297)에서는 객관성과 주관성을 다음과 같이 정의한다. '한 실체가 초점이 부여된 개념대상으로서 무대 위(onstage)에 놓이는 경우에, 그 실체는 객관적으로 해석된다. 반대 극단의 경우에, 무대 밖(offstage)의 개념화자가 그 자체가 표현되지 않으면서 개념의 주체로 기능하는 경우에, 개념화자는 주관적으로 해석된다'(김동환(2001 : 135-136)에서 재인용함).

'…더 나아가, 양에 반대되는 것은 없다. 특정한 양의 경우, 분명히 반대되는 것이 없다. 예를 들어 두 자(尺)에, 세 자에 또는 면 등에 반대되는 것이 없다는 점은 분명하다. 반대되는 것이 전혀 없기 때문이다. 많음이 적음에 또는 큼이 작음에 반대된다고 말하는 경우를 빼면 말이다. 그러나 이것들은 어느 것도 양이 아니며, 오히려 그것들은 관계(의 범주)에 든다. 어떤 것도 그 자체로 크다거나 작다고 말해지지 않고, 다른 어떤 것에 얽혀 있기 때문이다. 예를 들어, 어느 산은 같은 종류의 다른 산들보다 더 작기 때문에 작다고 말해진다. 그러나 좁쌀은 그것이 같은 종류의 다른 좁쌀들보다 더 크기 때문에 크다고 말해진다. 그러므로 다른 것과 관계를 가진다. 어떤 것이 그 자체로 (절대적으로) 작다거나 크다고 말해진다면, 결코 산이 작다거나 좁쌀이 크다고 말해지지 않을 것이다. 또, 아테네에 시골보다 몇 배 더 많은 사람들이 있지만, 우리는 시골에 많은 사람이 있다고, 그리고 아테네에는 적은 사람이 있다고 말한다. 그리고 집 안에 있는 사람들보다 몇 배 더 많은 사람들이 극장 안에 있지만, 우리는 집 안에 많은 사람들이 있다고, 극장 안에는 적은 사람들이 있다고 말한다.…'

아리스토텔레스의 설명에서 보다시피 수량은 관계의 범주에 속하는 '많다/적다' 또는 '크다/작다'와 같은 평가를 받을 수 있으며 이는 다른 어떤 것에 얽혀 있으므로 가능한 것이다. 이 경우 '많다/적다' 또는 '크다/작다'와 같은 관계의 범주는 바로 화자의 주관적 평가를 반영하며 결과적으로 수량은 화자의 주관성이 부여되는 것으로 특성화되는 것이다.

이러한 수량은 반대되는 것이 없을 뿐만 아니라 빈칸도 없기 때문에 체계적이다. 다시 말하면 수량의 기본이 되는 숫자는 체계가 엄밀하고 질서 정연하며 객관성을 가진다. 따라서 비교 가능성을 가지는 것이 수량의 중요한 특성이 된다. 그리하여 우리는 흔히 직접 나타내기 어려운 양적(量的)특성에, 간접적으로 수량을 부여하여 수량화(quantification)하게 되는 것이다. 물리적 세계에는 직접적 측정이 가능한 양적 특성이 많으나, 심리적·사회적 태도·생활수준·물가지수 등은 특수한 수량화의 기술[10]에 의하여 비로소 수량이 부여된 양적 특성을 가지게 된다. 따라서 수량이 나타내는 함의가 무엇보다 중요해진다. 그것은 수량이 어떤 현상을 반영하지 않는다면, 즉 수량에 의미가 부여되지 않는다면 수량은 단지 수학적 의미의 수량일 뿐이기 때문이다. 실제로 언어생활에서 청자(독자)들은 흔히 언어 행위에 나타난 수량에 대하여, 수량 자체가 아니라 그 수량에 부여된 의미를 중요시하며 심지어 오로지 그 수량이 '많은 수량'인지 '적은 수량'인지에만 관심이 가는 경우가 있다.

(2) 서울의 소득유입액은 2007년 43조 9940억 원에서 2011년 69조 4818억 원으로 25조 4000억 원 증가했다. 5년 새 서울로의 소득 유입 규모가 50%나 불어난 것이다(한국경제 2013년 10월 29일 A4면에서).

(2)에서 보면 흔히 구체적인 '43조 9940억 원, 69조 4818억원, 25조 4000억 원' 등과 같은 수량보다도 덜 구체적인 50%라는 규모가 더 와닿고 더욱이 특수조사 '-(이)나'가 붙어 '50%'는 '큰 규모의 수량'이라고 하는 의미가 더 중요하게 된다. 또 예컨대, '그 애는 눈이 3제곱센티미터이고 키가 1미터 46센티미터이다'라고 할 경우, 청자(독자)의 관심사는 구체적인 숫자가 아니라 그 애의 눈은 작은지 큰지, 그 애의 키는 같은 또래에서 큰지 작은지가 될 것이다. 만일 이 말을 '그 애는 눈이 3제곱센티미터나 되고 키가 무려 1미터 46센티미터이다'라고 한다면 의미

---

10) 이런 수량화의 기술은 직접적인 측정과는 달리 통계적인 기술인데 ① 지표(indictor) ② 척도(scale) ③ 지수(index : index number)의 3가지로 크게 나누어진다.

정보량이 많아져 의사소통의 기능도 높아질 수 있는데 바로 주관적 수량의 표현이 이루어지게 되는 것이다.

이상의 논의에서 알 수 있듯이 수량[11]은 인지적(논리적) 범주에서는 객관적(사실적) 수량만 존재하지만 언어적 범주에서는 객관적(사실적) 수량뿐만 아니라 주관적 수량도 존재한다. 그것은 사람들이 말을 할 때 단순히 사실만을 전달하는 것이 아니라 그 사실에 대한 감정, 판단, 느낌, 태도 등도 함께 전달하는 양태 표현이 존재하는 것과 마찬가지로 수량을 말할 때 '많다/적다'의 평가도 함께 전달하기 때문이다. 이와 같이 주관적 수량은 언어의 주관성 및 수량범주의 주관성으로 말미암아 생성되는 언어현상이다.

2.2. 주관적 수량의 생성 기제

주관적 수량은 언어의 주관성이 수량범주에 반영된 구체적 표현으로, 화자의 주관적인 평가가 부여된 수량이다. 즉 수량에 대하여 화자가 주관적으로 평가함으로써 생성되며 이런 평가는 화자가 어떤 수량을 기준으로 비교함으로써 '많다/적다'고 하는 평가가 이루어지게 된다. 이때 기준으로 되는 수량을 '참조수량'이라고 한다면 주관적 수량은 화자가 참조수량과 비교하는 심리적 행위를 통하여 생성되는 것이다. 따라서 주관적 수량의 생성 기제는 '참조수량과의 비교'라고 할 수 있는 바, 참조수량보다 '많다'고 평가된 수량은 주관적 대량(Large Subjective Quantity)이 될 것이고 참조수량보다 '적다'고 평가된 수량은 주관적 소량(Small

---

11) 채옥자(2013)에 의하면 수량 표현은 수적 의미가 수사나 수량사구로 표현되는 명시적 수량 표현과 기타 언어 형태 즉 명사(예 : 무리, 가족, 떼) 나 형용사(많다, 잦다. 흔하다) 및 접사(뭇, 홑, 질) 등으로 표현되는 내재적 수량 표현으로 나눌 수 있다. 본고에서의 '수량 표현'은 그중 명시적 수량 표현에 한한 개념이다.

Subjective Quantity)이 될 것이다. '참조수량'은 화자의 인지 속에 존재하는 것으로, '참조수량'의 크기는 주관적 수량이 주관적 대량이 되는가 아니면 주관적 소량이 되는가 하는 것을 결정하는 요소가 된다.

이러한 '참조수량'에 대하여 다음 몇 가지로 정리해 볼 수 있다.

첫째, 사회적 정상 수량(社會常態量)이다. 사람들이 사회생활 속에서 점차 상식적으로 인식하게 된, 주변세계의 사물이나, 사건 및 성상에 대한 수량이다. 그중에는 사회 정규적 수량도 있는데 예컨대, 6세는 초등학교 입학 연령, 60세는 퇴직 연령, 결혼적령기는 25세 쯤 등과 같은 경우이다(羅榮華(2010 : 36-37) 참고). 초등학교입학연령이 만 6세일 경우, 5세인 어린이가 초등학교에 입학하였다면 '겨우 5세에 초등학생이 되었다'고 표현할 수 있으며 이때 '5세'는 주관적 소량이 된다.

둘째, 과학적 정상 수량(科學常態量)이다. 사람들이 생활 속에서 인식하게 된 각종 기준치와 같은 수량으로 과학적인 증명을 거친 정규적 수량이다. 예컨대, 혈압정상수치, 경제수치 등이 있을 수 있다. 예문 '일부 초등학교 정수기에서 기준치를 최고 67%나 초과한 일반 세균이 검출된 것으로 나타났다.'에서 '67%'는 보조사 '-나'에 의하여 주관적 대량이 되었다. 이때 참조수량은 '40%'라는 수량인데 바로 '일반 세균이 기준치의 40%를 초과할 경우 각종 수인성 세균 감염에 노출될 수 있다'고 지적한 전문가의 말을 통해 알 수 있었다.

셋째, 객관적 실제 수량(客觀實際量)이다. 사물이나 사건 및 성상에 객관적으로 존재하는 수량의미는 변화를 가져올 수 있다. 이때 과거에 있었던 수량은 현재 수량을 평가하는 참조수량이 될 수 있다. 예컨대, 어제는 최고 기온이 섭씨 23도였는데 오늘은 12도일 경우, '오늘 최고 기온이 12도밖에 안 된다'고 '12도'를 주관적 소량으로 표현할 수 있다. 이때 참조수량은 어제 기온 '23도'가 된다(羅榮華(2010 : 36-37) 참고).

넷째, 개인적 기준 수량이다. 사람들은 생활 속에서 주변세계의 사물이나 사건 및 성상의 수량에 대하여 개인적 인식차이로 말미암아 다르게 인식할 수 있는데 이때 형성되는 개인적인 기준 수량이 참조수량이 될 수 있다. 예컨대, 50세 되는 사람에 대하여 노인의 연령을 50 세 이상이라고 인식한 사람은 '50세나 된 노인'이라 표현할 수 있는데 이때 '50세'는 주관적 대량이 된다. 하지만 노인의 연령을 60세 이상이라고 인식한 사람이 '이제 50세인데 노인은 아니지'라고 표현한다면 '50세'는 주관적 소량이 될 것이다.

다섯째, 개인적 기대 수량이다. 이는 기대하였던 목표의 수량을 이르는 말이다. 이런 기대 수량의 차이는 같은 수량을 주관적 대량이 되게 하거나 주관적 소량이 되게 한다. 예컨대, 형제가 똑같이 용돈 만원을 받았을 경우, 동생은 '만원이나 받았어요.'로, 형은 '겨우 만원 받았어요.'라고 표현할 수 있다. 이때 참조수량인 형하고 동생의 기대 수량이 차이가 있음으로 같은 '만원'을 동생은 주관적 대량으로 표현하고 형은 주관적 소량으로 표현하였다.

이상과 같이 주관적 수량은 흔히 참조수량과의 비교를 통해 이루어지지만 화자의 인지, 심리 행위 등 복잡한 과정을 거치는 현상으로 뚜렷한 참조수량을 밝힐 수 없어도 화자의 시각의 차원에서 개인적인 견해(관점, 생각), 입장(처지, 형편), 심적 상태 등의 차이로 말미암아 이루어지기도 한다.

영국 극작가 버나드 쇼는 반이 남은 술병을 두고 비관론자는 '술이 반병밖에 남아 있지 않다'라고 말하고, 낙관론자는 '술이 반병이나 남아 있다'라고 말한다고 했다. 여기에서, 같은 '반병'이지만 비관론자가 말하는 '반병'은 '적다'는 뜻이 부여된 주관적 소량이고 '-밖에 없다(있지 않다)'와 같은 부정소로 표현되고 낙관론자가 말하는 '반병'은 '많다'는 의미가 덧붙은 주관적 대량으로 보조사 '-(이)나'로 표현된다. 이는 바로 긍정적이거나 부정적인 생각 또는 심적 상태 등의 차이로 말미암아 이루어진다고 할 수 있다.

흔히 주관적 수량 표현에서 주관적 대량의 의미는 유표적인 '무려'나 '나' 등이 뒤에 '되다, 이르다'와 같은 동사와 통합되어 실현되고 주관적 소량의 의미는 유표적 부사 '겨우', 보조사 '밖에' 등이 뒤에 '없다, 안 되다, 못 되다' 등과 같은 부정의 표현과 어울리어 실현되고 있다. 그 이유는 주관적 수량의 생성 기제로부터 알 수 있다. 주관적 대량 표현에서, '많다'고 평가하는 주관적 대량이 되려면 주어진 수량이 화자의 심리적 참조수량을 초과하는 수량이므로 '수량이 어느 정도에 이르다'는 뜻의 '되다'와 같은 표현을 사용하게 된다. 한편 '적다'고 평가하는 주관적 소량이 되려면 주어진 수량이 화자의 심리적 참조수량에 미치지 못하는 수량이므로 '수량이 어느 정도에 이르지 못하다'는 의미가 있으므로 '없다', '안, 못' 등과 같은 부정소와 어울리게 되는 것이다.

2.3. 주관적 수량 표현

한국어에서, 의미범주인 수량범주는 형태소로부터 어휘, 구나 절에 이르기까지 다양한 단위를 통해 나타난다. 즉 수량을 나타내는 표현은 통사적으로 매우 다양한 범주에 걸쳐 나타나고 있다. 마찬가지로 수량범주의 하나인 주관적 수량도 여러 가지 통사적 단위인 부사, 조사, 구 등에 의해 표현되고 있다. 한편 수량범주는 명시성과 내재성이라는 특성(채옥자 2013 참고)이 있으므로 주관적 수량 역시 명시적인 표현과 내재적인 표현이 있게 되는데 본고에서는 수사나 수량사구가 있는 명시적인 표현에 한해서만 고찰하기로 한다.12)

주관적 수량은 일정한 형태적 요소에 의해 나타날 뿐만 아니라 화맥이나 문맥과 같은 담화맥락에 의해서도 나타날 수 있다. 예컨대, '사람들이 50명 모였어'라는 말을 할 경우, 악센트가 수량 '50명'에 오면 그 수량이 '많다'고 하는 화자의 태도를 알 수 있다. 그리고 '5만원? 그렇게 비싸요?'와 같은 말에서는 화맥을 통하여 '5만원'이 '많은 수량'이라고 하는 화자의 태도를 알 수 있는 것이다. 이 경우 '50명'이나 '5만원'은 주관적 대량이라고 할 수 있다. 하지만 본고에서는 악센트와 같은 운율적 요소나 담화맥락적인 요소로 이루어지는 주관적 수량의 경우를 제외하고, 문법적으로 어휘적 요소 및 문법적 요소로 나타나는 주관적 수량을 고찰의 대상으로 한다. 주관적 수량은 주관적 대량과 주관적 소량의 경우로 나누고 그것이 구체적으로 셈의 대상에 따라 분류된 사물(사람)의 수량, 동작의 수량(동작이나 사건의 횟수), 시간의 수량 등에서 어떤 양상으로 나타나는지 살피도록 한다.

2.3.1. 주관적 대량 표현

주관적 대량은 '많은 수량'이라는 의미가 부여된 수량이며 화자의 주관적인 판단에 의해 '많다'고 평가된 수량이다. 즉 화자의 인지 속에 존재하는 참조수량보다 '많다'고 평가된 수량이다. 한국어에서 이런 주관적 대량의 의미는 어휘적 요소로는 주로 부사 '무려'나 '자그마치', 문법적 요소로는 특수조사 '-(이)나' 등으로 표현된다.

---

12) 접사 '-껏(힘껏, 마음껏, 정성껏), -투성이(땀투성이, 흙투성이, 먼지투성이)' 등과 같은 경우, 수량적으로 '많다'고 하는 화자의 평가적 의미를 나타내나 수사나 수량사 구가 없기에 내재적 주관적 수량 표현이라 할 수 있다.

2.3.1.1. 어휘적 요소

부사 '무려'는 수량을 나타내는 말 앞에 쓰이어 그 수량이 많다고 하는 화자의 평가를 나타내는데, 이 경우 그 수량은 주관적 대량이 된다. 즉 주어진 수량이 화자의 인지 속에 있는 참조수량보다 '많은 수량임'을 나타낸다. 부사 '무려'는 이와 같은 의미적 기능을 가지고 오직 수량을 나타내는 말 앞에만 쓰이는 통사적 특성이 있다.

(3) 가. 이 영화는 <u>무려</u> 110여억 원의 제작비를 쏟아부은 대규모 프로젝트다. …

　나. 어떤 직원은 <u>무려</u> 7채나 계약했다. …

　다. 지난 97년 '엄마를 <u>무려</u> 1년간 졸라서' BMW523을 샀다. …

　라. 28개 대회에서 <u>무려</u> 98라운드를 소화했다. …

　마. 메신저 이용자 수는 <u>무려</u> 400 명이 넘는다. …

　바. 사용된 중앙처리장치가 <u>무려</u> 16대나 동원되었다 …

　사. 10년간 아쿠아 알타가 베네치아를 110cm 이상 침수시킨 횟수는 5차례였지만 1993~2002년에는 <u>무려</u> 50회를 넘었다.

　아. 1970년초만 해도 세상에 알려진 언어는 <u>무려</u> 150여 가지나 되었다.

(3)에서 부사 '무려'는 뒤에 결합되는 수량이 참조수량보다 많은 수량임'을 나타내고 있다. (3가)는 쏟아부은 제작비 '110여억'은 많은 수량임을, (3나)는 계약한 '7채'는 많은 수량임을, (3다)는 엄마를 조른 시간인 '1년간'은 많은 시간임을, (3라)는 소화한 라운드 수인 '98라운드'는 많은 수량임을, (3마)는 메신저 이용자 수 '400명'은 많은 수량임을, (3바)는 사용된 중앙처리장치의 대수인 '16대'는 많은 수량임을, (3사)는 침수

시킨 횟수인 '50회'는 많은 수량임을, (3아)는 세상에 알려진 언어 수 '150여 가지'는 많은 수량임을 나타낸다. 다시 말하면 부사 '무려'는 뒤에 오는 수량을 예상보다 많은 수량이라는 평가가 부여된 주관적 대량이 되게끔 한다.

그리고 부사 '자그마치' 역시 주로 수량을 나타내는 말 앞에 쓰이어 그 수량이 참조수량보다 놀라울 만큼 많거나 크다는 화자의 평가를 나타내는데 이 경우 그 수량은 주관적 대량이 된다.

> (4) 가. 우리나라 돈으로 <u>자그마치</u> 9백여억 원에 팔렸다. …
> 나. 형부의 나이 <u>자그마치</u> 서른여섯이었으므로 …
> 다. <u>자그마치</u> 20년 8개월이라는 세월이 흘렀다. …
> 라. 스물 다섯 채의 건물 연건평이 <u>자그마치</u> 2천평을 넘는다. …
> 마. <u>자그마치</u> 열 마리나요! …
> 바. 미국 유학 길에 오른 젊은이들이 <u>자그마치</u> 1만 4천명 가깝다. …
> 사. 이 책은 10년간 <u>자그마치</u> 1,130만권이 팔렸고 …

(4)에서 부사 '자그마치'는 수량 표현과 어울리어 그 수량이 놀라울 만큼, 참조수량보다 훨씬 많은 수량임을 나타내고 있다. (4가)의 팔린 돈 '9백여억 원'은 많은 액수의 돈임을, (4나)의 나이 '서른여섯'은 많은 나이임을, (4다)의 '20년 8개 월'은 긴 세월의 시간임을, (4라)의 '2천평'은 큰 수량임을, (4마)의 '열 마리'는 놀라울 만큼 많은 수량임을, (4바)의 '1만 4천명'은 많은 인수임을, (4사)의 팔린 책 수 '1,130만권'은 많은 수량임을 나타내고 있다. 이처럼 부사 '자그마치' 역시 뒤에 오는 수량을 참조수량보다 많은 수량이라는 평가가 부여된 주관적 대량이 되도록 한다.

2.3.1.2. 문법적 요소

한국어에서 특수조사 '-(이)나'는 수량 표현과 어울릴 경우 그 수량이 많은 수량이라는 화자의 평가를 나타내는 기능이 있다. 즉 선행요소로 어울리는 수량이 화자의 인지 속에 있는 참조수량보다 '많은 수량임'을 나타낸다. 수량 표현과 어울리는 특수조사 '(이)나'의 의미적 특성에 대한 기존의 연구를 살펴보면 최현배(1971)에서는 '느낌'이라고 규명하였으며 강기진(1985)에서는 '초과성'이라고 하였고 채완(1977)에서는 '강조'라고 하였으며 홍사만(1990, 2002)에서는 '수량화 형성', '확대 감탄적 첨의'이라고 하였고 이익섭(2008)에서는 '놀라움', '과장', '강조'라고 하였으며 김준기(2009)에서는 '화자의 감정을 강조'하는 기능이 있다고 보았다. 한편 국립국어원(2008)에서는 '다량', '복수성', '강조' 등으로 해석하였고 국립국어원(2005)에서는 '수량이 예상되는 정도를 넘었거나 꽤 많음'을 나타낸다고 하였다. 이런 견해들을 검토해보면 '초과성', '과장', '확대' 등 의미는 '그 수량이 예상(생각, 기대, 상상, 추측) 밖'이라는 의미 즉 '예상 수량을 초월했다'는 의미로, 본고의 참조수량을 초월했다는 뜻과 같은 맥락이 된다. 이로부터 명시적 수량 표현과 어울리는 특수조사 '나'의 의미적 특성은 '그 수량이 많다'는 평가적 의미를 나타내는 것이라고 할 수 있다.[13]

---

13) 기존의 연구에서 밝혀졌듯이 특수조사 '나'는 명시적 수량 표현과 내재적 수량 표현과 어울릴 경우 그 의미가 각기 다르다.

    (1) a. 어떻게 앉은 자리에서 달걀을 다섯 개나 먹었느냐?
       b. 식구가 그렇게나 많아요?
       c. 몇 시나 되었을까?
       d. 사위가 온다고 닭 마리나 잡았지.

『표준국어대사전』에서는 (1a)와 (1b)를 같은 의미요소인 '수량이 크거나 많음, 또는 정도가 높음'을 강조한다고 한다. 하지만 명시적 수량 표현과 어울리는 (1a)의 '나'와 정도부사와 같은, 수적 의미를 내재적으로 나타내는 수량 표현과 어울리는 (1b)

(5)에서와 같이 특수조사 '나'는 수량 표현 뒤에서 그 수량이 '많은 수량임'을 나타내는데, 이 경우 그 수량은 바로 주관적 대량이 되는 것이다. (5가)는 관객이 줄어든 퍼센트인 '30~50%'는 많은 수량임을, (5나)는 강한 효과인 코카인의 '51배'는 많은 수량임을, (5다)는 장외투쟁을 벌인 차렛수인 '두 차례'는 많은 횟수임을, (5라)는 폭락한 포인트 수 '71.78포인트'는 많은 수량임을, (5마)는 난립한 홈쇼핑업체의 개수인 '100여개'는 많은 수량임을, (5바)는 앞선 시간인 '1분55초'는 많은 시간임을 나타내고 있다.

  (5) 가. 극장에 오는 관객이 30~50%나 줄었다네요. …
       나. 코카인보다 효과가 51배나 강하다는 맥클로이의 마약 …
       다. 야당은 두 차례나 장외투쟁을 벌이고 …
       라. 하락세가 이어져 1주일간 71.78포인트나 폭락했다. …
       마. 유사 홈쇼핑업체가 전국에 100여개나 난립하고 있다. …
       바. 2위 에릭 자벨(독일)보다 1분55초나 앞서며 …

한편 『표준국어대사전』에는 '템'이라는 올림말이 있는데 의존명사로, '수량을 나타내는 명사' 뒤에서 주로 '템이나'의 꼴로 쓰여, '생각보다 많은 정도라는 뜻을 나타내는 말'이라고 해석하였다. 이 해석을 보면 '템이나'가 주관적 대량을 나타내는 격이 된다. 그런데 이 '템'과 비슷한 말은 '턱04 「2」'이라고 적고 있어 다시 '턱04 「2」'의 해석을 보면 '그만한 정도나 처지(예 : 별로 달라진 것이 없이 늘 그 턱이지요.)'라고 했다. 여기에서 알 수 있듯이 '생각보다 많은'이라는 의미는 특수조사 '-(이)나'가 가

의 '나'는 의미가 다른 것으로, (1a)의 '나'는 달걀을 먹은 개수인 '다섯 개'가 '많은 수량임'을 나타내고 (1b)의 '나'는 단순히 '그렇게'를 강조함을 나타낸다.

지는 의미적 기능이며 따라서 '템이나14)'가 앞에 오는 수량을 주관적 대량이 되게 하는 기능이 있게 되는 것은 바로 특수조사 '-(이)나'가 그런 의미적 기능을 가지고 있기 때문이다.

2.3.1.3. 통사론적 구성

한국어에서 부사 '무려'와 특수조사 '-(이)나'는 흔히 (6)과 같이 '무려…(이)나'의 통사론적 구성으로 쓰이는데 이 두 요소는 모두 주관적 대량을 나타내는 의미적 특성 즉 수량 표현과 어울릴 경우 그 수량을 '많은 수량'이라고 평가하는 공통된 의미적 기능이 있기에 가능한 것이다.

(6) 가. 어떤 직원은 <u>무려</u> 7채<u>나</u> 계약했다. …

　　 나. 공동2위 선수들을 <u>무려</u> 11타<u>나</u> 앞섰다. …

　　 다. 농업 보조금을 <u>무려</u> 75%<u>나</u> 올려주도록 되어 있다. …

2.3.2. 주관적 소량 표현

주관적 소량은 '적은 수량'이라는 의미가 부여된 수량이며 화자의 주관적인 판단에 의해 '적다'고 평가된 수량이다. 즉 주어진 수량이 화자의 인지 속에 존재하는 참조수량보다 '적은 수량임'을 나타낸다. 한국어에서 이런 주관적 소량의 의미는 어휘적 요소로, 주로 '겨우', '불과', '고작' 등 부사들과 문법적 요소로 조사 '밖에', '뿐', '조차', '마저' 등으로 표현된다.

---

14) '템이나'는 『표준국어대사전』에서 '서 말 템이나 먹다/석 달 템이나 걸리다니' 등과 같이 쓰인다고 하는데 『21세기세종계획』 말뭉치 용례에서는 그 예를 찾아 볼 수 없었다.

2.3.2.1. 어휘적 요소

주관적 소량을 나타내는 표현으로, 부사 '겨우', '불과' 외에도 '기껏해야', '고작', '단지', '단' 등이 있는데 이들은 모두 주관적 소량을 나타내는 어휘적 요소들이다.

(7) 가. <u>겨우</u> 네 마디 말을 가락에 실어 …

　　나. <u>겨우</u> 5% 정도에서 합의를 보지 못하고 있다는 것이다. …

　　다. 그런데 <u>겨우</u> 1년만에 다시 대결구도로 뒤집어지면…

　　라. 실턴은 1m90의 꺽다리인 반면 마라도나는 <u>겨우</u> 1m65, …

　　마. 5센티미터를 꿰어야 <u>겨우</u> 5원을 번다. …

　　바. 그들은 10년 동안 <u>겨우</u> 다섯 번 만났는데, …

　　사. 약속 시간에서 <u>겨우</u> 4분이 지났을 뿐이었다. …

　　아. 이제 <u>겨우</u> 세 살인데 벌써 자전거를 타는군요. …

　　자. <u>겨우</u> 20명이 참석하고도 주차장이 좁으면 손님들은 이렇게 불평할 것이다. …

　　차. <u>겨우</u> 3~5마리의 돼지에서 그 유전자의 기능이 발휘된다는 의미다. …

(7)에서 보다시피 부사 '겨우'는 뒤에 결합되는 수량을 '적은 수량'이라고 평가하고 있다. 다시 말하면 부사 '겨우' 뒤에 오는 수량은 화자의 인지 속에 존재하는 참조수량보다 '적은 수량'이라는 주관적 의미를 가지게 되며 주관적 소량이 되는 것이다. (7가)는 '네 마디'는 적은 수량임을, (7나)는 '5%'는 적은 수량의 퍼센트 수임을, (7다)는 '1년'이라는 시간은 짧은 시간임을, (7라)는 마라도나의 키 '1m65'는 작은 수량임을, (7마)는 5센티미터를 꿰어야 버는 '5원'은 적은 수량의 돈임을, (7바)는 만

난 횟수 '다섯 번'은 적은 수량임을, (7사)는 약속시간에서 지난 시간인 '4분'은 적은 시간임을, (7아)는 세 살은 적은 나이임을, (7자)는 참석한 사람 인수 20명은 적은 수량임을, (7차)는 돼지 '3~5마리'는 '적은 수량'임을 나타낸다. 부사 '겨우'와 비슷한 경우는 '애오라지'가 있다. 부사 '애오라지'는 '겨우'를 강조하여 이르는 말로 '주머니엔 애오라지 동전 두 닢뿐이다'와 같이 수량 표현과 어울릴 경우 그 수량을 적은 수량이라고 평가하는 기능을 가지게 하여 그 수량을 주관적 소량이 되게 한다.

(8) 가. 그의 키는 <u>고작해야</u> 백오십 센티를 넘지 못할 것 같았다. …
　　나. 뭘, <u>고작해야</u> 이 주일쯤이지 …
　　다. <u>고작해야</u> 열아홉살쯤 되어 보이는 조초한 색시다. …

(9) 가. 1만 6천명의 전사들 중에서 <u>고작</u> 6천명이 살아남았다. …
　　나. 포천 면소에서 그곳까지 <u>고작</u> 팔 킬로, …
　　다. 우리는 나이차이가 <u>고작</u> 스무살밖에 나지 않았다. …

(10) 가. <u>기껏해야</u> 40~50컷에 불과한 짧은 만화들 …
　　 나. 이건 기사야. <u>기껏해야</u> 한달이야. …
　　 다. <u>기껏해야</u> 2분 정도 반짝하고 사라지는 텔레비전 광고나 …

(11) 가. 만난 지 <u>기껏</u> 달 보름 만의 결혼이라니, …
　　 나. <u>기껏</u> 2년 뒤의 가까운 미래라, …
　　 다. 타이틀전의 우승상금이 <u>기껏</u> 7, 8백만원이던 시절. …

(12) 가. <u>불과</u> 한 시간여 만에 1200만원이 넘는 시세차익을 챙겼다.
　　 나. 우리가 <u>불과</u> 두 달 동안 다섯 차례 만남을 가졌다는 것은…

다. 이 가운데 관객이 확인할 수 있는 작품은 <u>불과</u> 60여 편에 불
　　　과하다.

(13) 가. <u>단</u> 수십 명의 병사만을 데리고 …
　　나. <u>단</u> 10편에 불과한 응모작 수가 …
　　다. <u>단</u> 1년 만에 총사용량이 무려 10배나 신장할 만큼 획기적인
　　　발전을 보였다.

(14) 가. <u>단지</u> 사흘 만에 기류를 타는 데 성공한 이 참새의 능력은 …
　　나. 1년이 걸리는 일을 <u>단지</u> 90분 만에 이루어낸 것이다. …
　　다. <u>단지</u> 2건(1.2%)에 지나지 않았다. …

　　그밖에 부사 '고작해야', '고작', '기껏해야', '기껏', '불과', '단', '단
지15)' 등도 뒤에 결합되는 수량을 주관적 소량이 되게 하는 기능이 있
다. (8)과 (9)에서 부사 '고작해야', '고작'은 아무리 좋고 크게 평가하려
하여도 적은 수량임을 나타낸다. 예컨대, (8가)는 키 백오십 센티는 작은
키임을 나타내는 수량임을, (9가)는 살아남은 6천명이라는 수량은 적은
수량임을 나타낸다. 그리고 (10), (11)에서 '기껏해야'와 '기껏'은 '아무리
높거나 많게 잡아도' 적은 수량임을 나타낸다. 예를 들면, (10가)는 많이
잡아본 40~50컷은 적은 수량임을, (11가)는 달 보름이라는 시간은 짧은

---

15) 하지만 부사 '단지'와 비슷한 부사인 '다만', '오로지', '오직' 등은 '다른 것이 있을
　　수 없다'고 하는 의미로 쓰이며 수량의 표현과는 잘 어울리지 않는 통사적 특징을
　　보인다. 따라서 주관적 소량으로 되게 하는 의미적 기능도 찾아보기 어렵다(예컨대,
　　'…다만 절반이나 되는 학생들이 하나같이 친구 얘기를 하며 …' / '어릴 때는 오로
　　지 한 사람만을 향한 사랑에 불타다가 …'/ '오직 두 사람의 인간됨이 제일가는 조
　　건이 아닐까…'). 이는 그런 부사들이 주로 문장부사의 기능을 가지고 있는 것과 관
　　련이 있을 수 있다.

시간임을 나타낸다. 한편 (12)의 부사 '불과'는 '그 수량에 지나지 아니한 상태임'을 이르는 말로 결합되는 수량을 적은 수량이라고 평가하는 의미기능을 가진다. (12가)는 1200만원이 넘는 시세차익을 챙긴 데 걸린 시간인 '한 시간 남짓'이라는 시간은 짧은 시간임을 나타낸다. 또한 (13), (14)의 부사 '단', '단지'는 오직 그것뿐임을 나타내는 말로 뒤에 어울리는 수량을 적은 수량이라고 평가할 수 있다. (13가)는 거느린 병사의 인수인 '수십 명'은 적은 수량임을, (14가)는 참새가 기류를 타는 데 성공한 시간인 '사흘'은 짧은 시간임을 나타낸다. 그리고 주관적 소량을 나타내는 표현으로 수량의 대상 즉 셈의 대상이 돈일 경우에 '단돈'과 같은 명사도 있다. (15가)는 영화라는 상품을 구매하는 데 드는 돈 7000원은 적은 금액임을, (15나)는 백 원은 적은 돈임을, (15다)는 건설업에 도전한 돈 500만원은 적은 수의 금액임을, (15라)는 호주머니에 가진 돈 2천원은 적은 수량임을 나타낸다.

> (15) 가. 관객은 <u>단돈</u> 7000원을 내고 영화라는 상품을 구매한다. …
>   나. <u>단돈</u> 백 원으로 문화 주택을 장만할 수 있다는 것은 주택복권의 선전문이다. …
>   다. 그는 <u>단돈</u> 500만원을 가지고 다시 건설업에 도전했다.
>   라. 나는 호주머니에 <u>단돈</u> 2천원밖에 가진 것이 없었기 때문이다.
>   …

한편 관형사 '고까짓' 역시 '겨우 고만한 정도'라는 의미로 뒤에 오는 수량을 주관적 소량의 의미를 가지는 수량으로 되게 할 수 있다(『표준국어대사전』의 예 : 고까짓 쌀 한 말에 내가 감격 할 줄 알았어?). 또한 부사 '다불과(多不過)' 역시 '많다고 해야 고작'이라는 의미로 뒤에 어울리는 수량을 적다고 평가하여 그 수량을 주관적 소량이 되게 한다(『표준국어대사전』의 예 : 낮이라서 그런지 다방에는 손님이 다물과 서넛밖에 없었다).

그밖에 『표준국어대사전』에 오른 1804개의 부사들 중에는 '겨우'의 방언으로 '제구(경상, 함경)', '제우(강원, 경남, 전라, 충청, 함경)' 등이 있는데 역시 주관적 소량의 표현이라고 할 수 있다.

2.3.2.2. 문법적 요소

주관적 소량을 나타내는 표현으로, 문법적 요소인 조사 '-밖에', '뿐', '조차', '마저' 등이 있다. '-밖에'는 뒤에 부정소가 어울리어 '-밖에 없다'거나 '-밖에 … 지 않다'와 같은 통사론적 구성으로, (16)과 같이 앞에 오는 수량을 주관적 소량이 되게 하는 의미적 기능이 있다.

(16) 가. 파괴력이 60%밖에 안 나왔다. …
    나. 야투를 8개밖에 못 던지게 만들 정도로 잘 막았다. …
    다. 주식은 500억원밖에 되지 않는 것으로 알려지고 있다. …
    라. 사진을 두 장밖에 못 건진 건 이상하긴 해요. …
    마. 이제 태어난 지 7개월밖에 안 된 어린 참새니까요. …
    바. 금붕어도 한 마리밖에 남아 있지 않았다. …

(17) 가. 임직원 550명 가운데 관리자는 9명뿐이다. …
    나. 무력사용을 인정하고 있는 것은 두 가지 경우뿐이다. …
    다. 몇 해 전까지만 해도 상곳배 두 척뿐이었는데, …
    라. 을지문덕이 적장에게 보낸 오언시의 끝 두 구절뿐이었다. …
    마. 평생 교직 생활을 통해 모은 거라곤 작은 집 한 채뿐이고 …

(18) 기대하기 어렵게 되어있으며 작년의 인상률 14%보다 2~3%가

높아진 양곡유통위의 추천인상률 16~17%조차 국회에서는 상향
조정할 기세를 보이고 있는 것이다.

(19) 연중 최저치를 경신했다. 종합주가지수는 장중 한때 지난주말보
    다 3% 넘게 하락해 760선마저 무너지며 758까지 밀렸으나, …

위의 예들에서 (16가)는 파괴력 60%는 적은 수량임을, (16나)는 야투
를 던진 개수 8개는 적은 수량임을, (23다)는 보유 중인 주식 500억원은
적은 금액임을, (16라)는 건진 사진 두 장은 적은 수량임을, (16마)는 태
어난 지 7개월 된 시간은 짧은 시간의 수량임을, (16바)는 남은 금붕어
한 마리는 적은 수량임을 나타내고 있다. 한편 조사 '-뿐'은 '-뿐이다'
와 같은 통사론적 구성으로 (17)과 같이 앞에 오는 수량을 주관적 소량
이 되게 한다. (17가)는 관리자 9명은 적은 인수임을, (17나)는 무력사용
을 인정하고 있는 경우 두 가지는 적은 수량임을, (17다)는 몇 해 전까지
의 상곳배 두 척은 적은 수량임을, (17라)는 끝 두 구절은 적은 수량임
을, (17마)는 평생 교직 생활을 통해 모은 작은 집 한 채는 해당 금액이
적은 수량임을 나타낸다. 그리고 (18)에서와 같이 보조사 '조차' 역시 수
량 표현과 어울릴 경우 그 수량을 주관적 소량이 되게 하는 기능이 있어
양곡유통위의 추천인상률 '16~17%'는 적은 수치임을 나타낸다. 보조사
'마저' 역시 수량 표현과 통합될 경우 그 수량을 주관적 소량의 의미를
가지게 하는 바 (19)와 같이 종합주가지수 '760선'은 낮은 선의 수량임
을 나타내게 된다. 그밖에 보조사 '도, 조차, 마저' 등은 부정 표현 '없
다', '안 되다' 등과 어울리어 주관적 소량이 되게 하는 기능이 있다. 예
컨대, '100명도 채 안 된다'는 예문에서 '100명'은 조사 '도'와 ' 안 되
다'가 통합되어 '100명'을 화자의 '적다'고 하는 평가가 부여된 주관적

소량이 되게 하며 예문 '만 원조차(마저, 도) 없다'에서 조사 '조차(마저, 도)'와 부정소 '없다'가 어울리어 '만 원'을 주관적 소량이 되도록 한다.

2.3.2.3. 통사론적 구성

주관적 소량의 의미는 앞에서 제기한 부사나 조사로 표현될 뿐만 아니라 (20), (21), (22)과 같이 '-에 불과하다', '-에 그치다', '-에 지나지 않다' 등과 같은 통사론적 구성으로도 나타낼 수 있다.

(20) 가. 연습장 이용은 단 '2회'에 불과한 골프 초보…

나. 언더파의 기록을 낸 국가가 24개팀 중 12개팀에 불과했다.

다. 수입차 판매 대수는 작년 상반기에 3521대에 불과했으나 …

라. 현재까지 6건에 불과했다.…

마. 지난 4~6월 국채 거래대금은 매월 150조~170조원 수준에 불과했다. …

(21) 가. 화염병 투척 집회가 2차례에 그쳤다.…

나. 미국 2분기 성장률이 2.3%에 그칠 것이란 전망을 내놓았다.…

다. 1경기당 평균관중이 8716명에 그쳐…

라. 2월 이후 종합주가지수가 18% 이상 빠지는 동안 2.9% 하락하는 데 그쳤다.…

마. 가계부채는 이달 22억달러나 감소, 대출잔액은 1조722 억 달러에 그쳤다.…

(22) 가. 이번 주 도착한 신간은 불과 20여권에 지나지 않았습니다.…

나. 지금까지 내려진 유죄판결이 23건에 지나지 않는다는 점…

다. 자녀들과 함께 기거를 하고 있는 노인이 6명중 1명꼴에 지나
　지 않는다.…
라. 백 시간 가운데 겨우 6시간 꼴에 지나지 않는다.…

　(20가)는 연습장 이용의 횟수 2회는 적은 횟수의 수량임을, (20나)는
언더파의 기록을 낸 국가 팀 12개 팀은 적은 수량임을, (20다)는 작년
상반기 수입차 판매 대수 3521대는 적은 수량임을, (20라)는 현재까지 6
건은 적은 수량임을, (20마)는 거래대금 매월 수준인 150조～170조원은
적은 수량임을 나타낸다. 그리고 (21가)는 화염병 투척 집회 2차례는 적
은 차롓수임을, (21나)는 미국 2분기 성장률 2.3%는 적은 퍼센트 수임
을, (21다)는 1경기당 평균관중 수 8716명은 적은 인수임을, (21라)는 종
합주가지수가 하락한 퍼센트 수 2.9%는 적은 수량임을, (21마)는 대출
잔액 1조7220억달러는 적은 수량임을 나타낸다. (22가)는 도착한 신간
20여 권은 적은 수량임을, (22나)는 유죄판결 건수 23건은 적은 수량임
을, (22다)는 6명 중 1명은 적은 수량임을, (22라)는 백 시간 가운데 6시
간은 짧은 시간의 수량임을 나타낸다. 그밖에 '도', '조차'와 같은 조사
가 '없다', '안' 등과 같은 부정소와 통사적 구성을 이루어 수량 표현과
통합될 경우, 그 수량을 주관적 소량이 되게 하는 기능이 있을 수 있다.
　이상은 주관적 수량의 대상이 사물일 경우와 동작일 경우 및 시간일
경우인데 다만 시간일 경우, 시간이 흐른 시점을 나타내는 수량의 주관
적 수량은 또 다른 표현으로 나타난다. 즉 '예상보다 빠르게 지난' 시간
이라는 의미가 부여된 주관적 대량 및 '예상보다 느리게 지난' 시간이라
는 의미가 부여된 주관적 소량의 표현은 다른 요소로 나타나는 양상을
보이고 있다.[16] 그것은 시간의 수량일 경우, 시간이 흐른 양은 '많다/적

---

16) 시간이 경과한 양(나이)의 주관적 대량은 사물의 수량, 동작의 수량과 마찬가지로 주

다'라는 평가적 의미로 주관성이 부여되지만, 시간이 흐른 시점은 '빠르다/느리다'라는 평가적 의미로 주관성이 부여될 수 있기 때문이다.

> (23) 가. 브라이언트는 8월에 스물다섯 살이 되지만 프로 연령은 <u>벌써</u> 6년, …
>
> 　　 나. <u>벌써</u> 10시가 넘었는데 어디서 무얼 하고 있는 거지? …
>
> 　　 다. 침대 옆 탁자를 더듬어 시계를 보니 <u>벌써</u> 7시가 <u>다</u> 되었다.…

(23)의 '벌써 6년'의 '6년', '벌써 10시'의 '10시', '벌써 7시'의 '7시' 등은 '예상보다 빠르게 지난 시점'이라는 주관적 평가가 부여된 '주관적 대량'이다. 즉 부사 '벌써'는 뒤에 오는 시간의 수량을 '빠른' 시간의 수량이라는 의미를 가지게 하는 기능이 있다. 그런가 하면, 나이의 수량일 경우도 마찬가지로 (24)와 같이, 부사 '벌써'가 나이의 수량을 '예상보다 빠르게' 먹은 나이라는 주관적 대량이 되게 하는 의미적 특성이 있다. 즉 (24)의 '벌써 마흔'의 '마흔', '벌써 세 살'의 '세 살', '벌써 스물아홉 살'의 '스물아홉 살'은 '예상보다 빨리 먹은 나이'라는 의미가 부여된 주관적 대량이다. 그밖에 부사 '다' 역시 시점이나 나이를 나타내는 수량 표현과 어울릴 경우 '-가/이 다 되다'의 통사적 구성으로 그 시점이 '빠르게 지난 시점'이거나 그 나이가 '많이 먹은 나이'라는 주관적 대량의 의미를 가지게 한다. 예컨대, (23다)에서 '7가 다 되었다'는 부사 '벌써'가 없이도 부사 '다'에 의하여 '7시'라는 시점이 '빨리 지난 시점'임을 나타낼 수 있고 (24가)의 '마흔이 다 됐어요'에서도 부사 '다'는 '마흔'이

관적 대량은 (10)의 '<u>무려</u> 1년간', (11)의 '1분55초<u>나</u>' 와 같이 부사 '무려', 조사 '-(이)나' 등에 의해 나타나며, 주관적 소량은 (13)의 '<u>겨우</u> 1년만에', (15)의 '고작 스물살' 등과 같이 '겨우', '고작' 등 부사로 나타난다.

라는 나이가 '예상보다 빨리 먹은 나이'임을 나타낼 수 있다. 한편, '예상보다 느리게 지난 시간' 및 '예상보다 느리게 먹은 나이(적은 나이)'라는 의미가 부여된 주관적 소량의 의미는 (25)와 같이 부사 '이제'에 의하여 나타난다. '이제 7시 30분'의 '7시 30분'은 '느리게 지난 시간(아직 이른 시간)'이라는 평가가 부여된 주관적 소량이다.

(24) 가. 우리 아들은 스물세 살에 감옥 갔는데 <u>벌써</u> 마흔이 다 됐어요…

나. 핏덩어리였던 둘째 딸아이가 <u>벌써</u> 세 살이 되었다. …

다. 그러나 <u>벌써</u> 스물아홉 살이었고 결혼 전이었다.…

(25) 가. <u>이제</u> 7시 30분이니 좀 더 자도 되겠지. …

나. 너, <u>이제</u> 삼십대야.…

(26) 하지만 <u>이제</u>는 칠순이 넘은 분이에요.…

(27) 고국땅 묻히는 게 마지막 소원" "<u>이제</u> 80이 넘어 조국에 돌아갈 수 있을까요. …

한편 명사 '이제'는 (26)과 같이 뒤에 오는 시간의 수량을 주관적 대량이 되게 하는 기능이 있음을 볼 수 있는데 '이제는 칠순'의 '칠순'은 '많은 나이'라는 의미를 가지는 주관적 대량이다. 특이한 것은 '이제'는 (27)처럼 뒤에 오는 수량을 주관적 대량이 되게 하는데, 다만 (25)의 '이제'와는 억양이 다를 뿐이다. 그리하여 (28)의 '이제 삼십대야'에서 '이제'는 억양에 따라 (28가)와 같이 부사 '이제야'와 같은 의미를 가지고

'삼십대'라는 수량을 '적은 연령대'라는 의미를 가지게 할 수도 있고 (28
나)와 같이 명사 '이제는'과 같은 의미로 '많은 연령대'라는 의미를 가지
게 할 수도 있으며 뿐만 아니라 (28다)와 같이 주관적 평가가 부여되지
않은 '바로 이때', '지금'이라는 의미를 가지게 할 수도 있다. 이로부터
(28가)의 '삼십대'는 주관적 소량이 되고 (28나)의 '삼십대'는 주관적 대
량이 되며 (28다)의 '삼십대'는 객관적(사실적) 수량이 될 수 있음을 알
수 있다.

(28) 가. 이제 삼십대야.
　　　나. 이제 삼십대야.
　　　다. 이제 삼십대야.

　이와 비슷한 현상으로 강조의 뜻을 나타내는 보조사 '도'가 있는데 긍
정 표현과 통합될 경우에는 주관적 대량을 나타내고 부정 표현과 통합
될 경우에는 주관적 소량을 나타내는 경향이 있다. (29가)에서 '천 미터'
는 주관적 대량의 의미를 가지지만 (29나)의 '열 명'은 주관적 소량의 의
미를 가진다.

(29) 가. 우리 애는 천 미터도 넘는 산을 잘 오른다.(김정숙 외2005 :
　　　　　374)
　　　나. 시험을 통과한 사람이 열 명도 안 돼.(김정숙외 2005 : 374)

　그리고 강조의 의미가 있는 조사 '야'는 연결어미 '-아서' 및 '되다,
넘다, 지나다' 등과 같이 어떤 시점을 '초과하다'는 뜻의 단어와 통합되
어 'NP(가/이)+넘어서야/지나서야/되어서야'와 같은 구조 또는 'NP+에

야'의 구조로 시간을 나타내는 수량 표현과 어울릴 경우 시간의 주관적 대량이라는 의미를 나타내게 된다. (30가)에서 '저녁 7시'는 '늦은 시간'이라고 하는 화자의 평가를 나타내는 주관적 대량이고 (30나)에서 '밤 9시'는 화자가 '늦은 시간'이라고 평가하는 의미가 있어 주관적 대량의 표현이 된다.

(30) 가. 회의는 저녁 7시에야 끝날 수 있었다.
　　　나. 밤 9시가 되어서야 집에 돌아왔다.

3. 맺음말

언어의 주관성이 수량범주에서 실현되면 곧 '주관적 수량' 즉 '많다'거나 '적다'고 평가된 수량이 형성되는데 이런 주관적 수량은 화자의 주관적인 평가가 부여된 수량이며 언어의 주관성과 수량범주의 주관성으로 말미암아 형성된다. 주관적 수량의 생성 기제는 '참조수량과의 비교'이며 화자가 참조수량과 비교함으로써 주어진 수량을 주관적 대량이나 주관적 소량이 되게 하는 바, 이런 참조수량은, 사회적 정상 수량, 과학적 정상 수량, 객관적 실제 수량, 개인적 기준 수량, 개인적 기대 수량 등으로 살펴볼 수 있었다.

한국어에서 주관적 수량 표현은 주로 어휘적 요소, 문법적 요소 및 통사론적 구성 등 다양한 요소로 나타나는 바, 주관적 대량의 의미는 부사 '무려', 조사 '-(이)나', 통사론적 구성 '무려…나' 등 요소로 나타나며, 주관적 소량의 의미는 부사 '겨우, 고작, 기껏해야, 단지', 조사 '-뿐', '-밖에', '조차', '마저', 통사론적 구성 '-에 불과하다', '-에 그치다', '-에 지나지 않다' 등과 같은 요소로 나타나고 있다.

한국어에서 '겨우'는 '이제'와 어울리고, '무려'는 '벌써'와 어울리며, 조사 '-(이)나'는 '무려'와 어울릴 수 있으나 '겨우'와는 어울릴 수 없다. 한편 '벌써'는 '무려'와 어울릴 수 있으나 '겨우'와는 어울릴 수 없으며 '-밖에 지 않-'과 같은 통사론적 구성은 '겨우'와는 어울리나 '무려'와 는 어울릴 수 없는 통사론적 제약이 있다[17]. 이는 주관적 대량이나 주관 적 소량의 의미를 동일하게 가지는 요소들끼리 어울릴 수 있고 상충되 는 의미를 가지는 요소들은 어울릴 수 없기 때문이다.

---

[17]　(2) a. 무려 반병이나 남았다/*겨우 반병이나 남았다
　　　　b. 겨우 반병밖에 남지 않았다/*무려 반병밖에 남지 않았다
　　　　c. 벌써 무려 세시간 기다렸어/*벌써 겨우 세시간 기다렸어
　　　　d. 이제 겨우 세시간 기다렸어/*이제 무려 세시간 기다렸어

제4장 한국어의 동작 단위사

1. 머리말

한국어에서 동작이나 사건의 횟수를 세는 단위를 나타내는 표현들인 '번, 차례, 회, 바퀴, 바탕, 판, 끼' 등은 이른바 부류분류사와 같은 특성도 있지만 의미와 분포 등 면에서 엄연히 다른 특성이 존재하는 범주이다. 그런데 기존의 연구를 보면 대부분 이 부류(이하 동작단위사라고 부름)를 의존명사(단위명사)나 부류분류사의 일종으로 간단히 다루고 있다.[1]

지금까지 학계에서는 한국어에서의 분류사 범주의 불안정성 및 분류사 자체의 모호성 등으로 말미암아 분류사를 여러 이름으로 불러 왔으며 사전에서도 '양대 명사(이희승 사전)', '수량의 단위(남영신, 1987)', '의존 명사(표준국어대사전)' 등으로 해석하고 있다. 이는 아직까지 분류사가 한

---

1) 이 분야의 기존연구로는 최현배(1946), 서정수(1996), 이익섭(1973), 김영희(1976, 1981), 채완(1990), 유동준(1983), 임동훈(1991), 임홍빈(1991a, 1991b), 김지홍(1999), 우형식(2001), 시정곤(2000), 신호철 · 이현희(2009) 등이 있다.

국어에서 독립된 문법범주로 자리잡지 못했음을 의미하는 것으로 동작단위사들이 소위 부류분류사(의존명사 또는 형식명사)의 일종으로 간단히 언급될 정도로 주목을 받지 못해 온 것도 어쩌면 당연한 것일 수 있다. 기존연구에서 특별히 동작단위사를 언급한 연구를 살펴보면 성광수(1975), 채완(1991), 곽추문(1996), 우형식(2001) 등이 있다. 성광수(1975 : 199-200)에서는 '動量'을 분류사의 한 부류로 보고 '회(回)', '주(周)', '차(次)', '번(番)' 등 예들을 들고 있으나 구체적인 해석은 없고 채완(1990 : 173-177)에서는 '장기 한 판, 교통사고 한 건'과 같은 것을 국어 분류사 체계의 한 특성으로 행위(action) 또는 사건(event)명사와 결합되는 분류사의 존재라고 하면서 분류사 분류에서는 행위·사건 명사에 연결되는 분류사로 '가지, 건, 마디, 번, 판, 회' 등이 있다고 하였는데 역시 동작단위사를 부류분류사의 한 유형으로 보았고 부류분류사 '건'을 '번'과 같은 동작단위사로 보고 구분하지 못하였다. 곽추문(1996)에 와서 '동작분류사'라는 명칭으로 부류분류사와의 다른 점이 지적되었다는 것이 주목된다. 하지만 그 개념 규명이 모호한 것이 문제점이라고 할 수 있다. 그리고 우형식(2001 : 148-149)에서는 분류사를 척도(scale) 범주에 따라 분류하고 있는 바 동작단위사를 명목 척도의 [횟수]의 분류사라고 하면서 명사가 뜻하는 동작이 반복되는 수를 단위화한다는 데 특징이 있다고 하였다. 그런데 문제는 이런 분류사들이 어디까지나 동작이나 사건의 횟수를 단위화한다는 것이다.

이렇게 지금까지 연구에서는 동작단위사의 개념이 불분명하고 그 정의적 속성이 무엇인지 밝혀지지 않았다. 따라서 본장에서는 이런 실정에 비추어 한국어에서 동작이나 사건의 횟수를 세는 단위를 나타내는 표현들인 '번, 차례, 회, 바퀴, 바탕, 판, 끼' 등 표현들을 인지언어학적으로 접근하여 개념 및 명칭 규정을 비롯하여 의미적 특성과 기능적 특성 등을 밝힘으로써 의미적으로 유형화하고 범주화하려고 한다. 이는 언어유형론적으로 소위 분류사 언어에 속하는 한국어에서 분류사의 체계 확립 및 범주화를 위한 기초 작업이 될 수 있을 것이다.

본 장에서는 우선 수 분류사의 주요 기능은 명사를 세는 단위를 제공하는 기능이고 명사의 부류화 기능은 부차적인 것이라는 근거를, 수 분류사와 명사의 선택관계의 제약성에서 찾고 이로부터 '분류사'라는 명칭의 부적합성을 지적하고 나서 본 연구의 주제인 동작이나 사건의 횟수를 세는 단위 역시 '동작분류사'가 아닌 '동작단위사'라 부르는 것이 적합하다는 논의를 펼치게 된다.

다음 동작단위사의 의미적 특성을 인지언어학적으로 접근하여 동작단위사의 주요기능은 횟수를 세는 단위를 제공하는 것이며 '횟수'의 인지적 특성은 동작이 시작되어 끝나는 데 걸리는 동안(시간)을 세는 수임을 밝힐 것이다.

그 다음 한국어 동작단위사의 기능을, 우선 한국어에서 동작단위사는 생략할 수 없기에 사용상 강제성이 있다는 점을 비롯하여 동작에 대한 수량화 및 특질화의 기능이 있음을 살필 것이고 다음 통사적으로 어떤 기능이 있는지 분석할 것이다. 마지막으로 한국어 동작단위사를 그 의미적 속성 및 기능에 따라 분류하는 작업으로 『표준국어대사전』에 의존명사나 명사로 올라와 있는 동작단위사를 찾아냄으로써 동작단위사를 명사의 부류분류사와 대등한 것으로 유형화하고 체계화하려고 한다. 이는 한국어의 동작단위사를 하위분류화하는 것과 같은 진일보의 연구를 가능케 하고 나아가서 한국어의 분류사 전반에 대한 체계적인 연구를 새롭게 하는 계기가 될 것이다.

2. 개념 및 명칭

한국어 문법론에서 동작이나 사건의 횟수를 세는 단위인 '번, 차례, 바퀴, 바탕' 등은 '마리, 개, 명' 등과 함께 최현배(1946)의 '불완전한 이름씨', 이희승(1955)의 '수량 명사(수량 대명사), 이숭녕(1968)의 單位名詞(數名詞), 이익섭(1973)의 '數量詞', 고영근 외(1985)의 '의존명사', 임동훈(1991)에서의 '수량단위 형식명사' 등으로 불리어 오다가 최근에는 대체로 '분류사'라는 명칭으로 연구되고 있다. 과연 '분류사'라는 명칭으로 이 부류 표현들을 부르는 것이 적절할까 하는 문제에 대하여 '분류사'의 개념과 유형 및 주요 기능에 대한 분석을 통해 검토해보도록 하자.

일반적으로 분류사란 명사 부류화의 하나로 명사가 지시하는 실체 (entity)의 성격에 의하여 선택되는 언어 요소로 보고 있다(Lyons, 1977 : 461). 즉 실체(entity)를 일정한 기준에 따라 분류한 분류 체계에서, 명사의 지시대상이 어느 부류에 속하는지를 나타내는 언어적 장치이다. 이런 분류사의 유형에 대해서는 Allan(1977)은 네 가지 유형으로, Craig(1994)는 다섯 가지로, Aikhenvald(2000)에서는 가장 세분화하여 일곱 가지로 제시하고 있다.[2) 그 중에서 수 분류사(numeral classifier)는 수량 구성에서 핵 명사의 지시대상의 부류를 나타내는 분류사이다. 한국어, 중국어, 일본어

---

2) Allan(1977)에서는 수 분류사 언어(numeral classifier language), 일치적 분류사 언어 (concordial classifier language), 술어 분류사 언어(predicate classifier), 처소-내적 분류사 언어(intra-locative classifier language) 등 네 가지 유형으로 분류사가 있는 언어를 제시하고 Craig(1994)에서는 명사류(noun class), 수 분류사(numeral classifier), 명사 분류사(noun classifier), 소유 분류사(genitive classifier), 동사적 분류사(verbal classifier) 등 다섯 가지로 제시하고 있다. Aikhenvald(2000)에서는 명사류(noun class), 명사 분류사 (noun classifier), 수 분류사(numeral classifier), 동사적 분류사(verbal classifier), 소유 분류사(genitive classifier), 지시 분류사(deictic classifier), 처소격 분류사(locative classifier) 등 일곱 가지 유형으로 제시하고 있다.

등은 수 분류사 언어에 속하는 바 수량범주를 나타내는 수량 구성에서 수 단위 표지를 필요로 하게 된다. 그런데 이들 수 분류사 언어에서 수 분류사의 주요 기능은 명사를 세는 단위를 제공하는 기능이며 수 분류사가 명사에 대한 적용 대상이 다름에 따라 분화됨으로써 그 명사가 어떤 특징이 있는지 따라서 어떤 부류에 속하는지 하는 정보를 어느 정도 나타낼 수 있는데 이는 어디까지나 부차적인 기능이다.3) 이 점에 대하여 본 연구에서는 이른바 분류사 언어에 속하는 한국어와 중국어에서 수 분류사와 핵 명사의 결합에서 나타나는 선택적 제약을 통해 논증하도록 한다.

수 분류사와 핵 명사의 결합은 수 분류사와 명사의 의미적 제약을 받게 되는데 우선 수 분류사의 명사와의 선택 관계를 보면 다음과 같다.

(1) 가. 고리 : 소주
    나. 동 : 먹 열 장, 붓 열 자루, 생강 열 접, 피륙 50필, 백지 100권,
        곶감 100접 등
    다. 마리 : 소, 말, 돼지, 닭 등 동물
(2) 가. 封 : 信(편지),
    나. 群 : 人(사람), 動物(동물), 島嶼(섬)
        條 : 線(실), 魚(물고기), 黃瓜(오이), 街(거리), 好漢(사나이), 新
        聞(뉴스), 方法(방법)

---

3) 박진호(2011)에서는 명사의 부류화 기능이 수 분류사의 주요 기능이 아니고 부차적인 것으로 보는 근거를 다음과 같이 제시하고 있다 : ① 핵 명사의 지시대상의 부류에 대해 거의 아무런 정보를 제공해 주지 않는, 소위 포괄적 분류사(generic classifier)가 흔히 존재한다. 예 : '개', 중국어 '个(ge)', 일본어 'つ(tsu)' 등. ② 핵 명사를 그대로 반복해서 수 분류사로 사용하는 일이 흔히 있다[반복자(repeater)]. 예 : '키 큰 사람 세 사람', Thai어 'prathêet sǎam prathêet'(land three CL : LAND). ③ 소위 수 분류사는 수량 구성에만 나타난다.

다. 个 : 單位(직장)에 쓰임. 예 : 학교, 극장, 병원, 공장 등

　　　容器(용기)에 쓰임. 예 : 물통, 사발, 상자 등

　　　動物(동물)에 쓰임. 예 : 호랑이, 쥐, 여우 등

　　　水果(과일)에 쓰임. 예 : 사과, 귤, 석류 등

　　　五官(오관)에 쓰임. 예 : 눈, 코, 귀 등

　　　食品(식품)에 쓰임. 예 : 빵, 만두 등

　　　其他(기타)에 쓰임. 예 : 영화, 사람, 이야기, 침대, 구석 등

(1)은 한국어 수 분류사의 명사와의 선택 관계에서 보이는 양상으로 (1가)에서 수 분류사 '고리'는 명사 소주와만 결합되며 '소주 열 사발'이라는 의미를 나타내고 (1나)의 '동'은 '먹, 붓, 생강, 피륙' 등 명사와 두루 결합될 수 있으며 (1다)에서 동물에 보편적으로 쓰이는 분류사 '마리'는 문법화가 이루어진 분류사로 사람의 신체 일부분인 '마리'가 다른 대상의 머리뿐 아니라 전체를 의미하는 셈의 단위인 추상적 존재를 의미하는 것으로 의미가 문법화된 것이다.[4] (2)는 수 분류사 언어인 중국어에서 수 분류사의 명사와의 선택 관계에서 보이는 양상으로 (2가)의 수 분류사 '封'은 '三封信(편지 세 통)'과 같이 명사 '편지'를 세는 단위로만 쓰이고 (2나)의 '群'은 사람이나 동물 및 섬과 같은 명사에 두루 쓰이며 '條'는 '가늘고 긴 명사'에 쓸 수 있는 분류사로 '一條線, 一條魚, 一條黃果, 一條街, 一條好漢' 등에서처럼 '실, 물고기, 오이, 거리, 사나이' 등과 같이 유정이나 무정은 물론 사람까지 포함하는 구체적 명사에 쓰일 뿐만 아니라 '一條新聞, 一條方法' 등과 같이 '뉴스, 방법' 등과 같은 추상명사에도 쓰이는 분류사이다. (2다)의 '个(個)'는 전문적으로 사용되는 분류사가 없는 명사나 혹자는 전용 분류사가 있는 명사에도 쓸 수 있을 정

---

4) 김선효(2005 : 116-117참고)

도로 통용 분류사라고 할 수 있는 것으로 사물의 기본범주에 보편적으로 쓰이고 있음을 알 수 있다. 이처럼 수 분류사의 명사와의 선택은 (1가)나 (2가)와 같이 유일한 것 즉 專用型만이 있는 것이 아니라 (1나), (2나)와 같이 合用型도 있으며 (1다), (2다)와 같이 通用型도 있다.

한편 명사의 수 분류사와의 선택 관계에서는 한 명사가 여러 개의 수 부류사와 어울리는 현상이 있다. 즉 한 개 명사가 의미 표현의 수요로 말미암아 여러 개의 분류사와 결합할 수 있는 것이다. 다시 말하면 명사의 의미적 속성에 따라 어울리어 사용되는 여러 분류사들이 존재한다는 것이다.

(3) 물 : 방울, 모금, 입, 잔, 줄기, 박스, 곬, 바닥, 리터, kg
(4) 被 : 張, 條, 床, 卷

(3)에서 자연현상을 반영하는 '물'은 그 속성이 액체이므로 어떤 용기에 담기냐에 따라 모양이 달라지는 의미적 특성이 있다. 따라서 '물'의 [＋모양 변형성]이라는 의미적 속성 때문에 '물'과 어울리어 쓰일 수 있는 한국어 분류사도 (3)에서 보다시피 다양하게 된다. 한편 (4)에서 중국어에서 '이불'의 뜻을 나타내는 '被'는 어떤 모양으로 되어 있느냐에 따라서 '張, 條, 床, 卷' 등 분류사가 쓰일 수 있는데 '張'은 이불을 펼쳐 놓았을 때, '條', '卷'은 이불을 말아 놓았을 때, '床'은 침대 위에 놓았을 때 쓰일 수 있는 것이다.

이상에서 보다시피 사물의 무한성과 단위표지의 유한성은 사물의 단위를 표기함에 있어서 단위표지와 명사의 관계가 일대 다의 현상을 초래하게 되며 사물에 대한 인지적 각도가 다름에 따라 한 개 사물을 단위화함에 있어서 명사와 단위표지의 관계가 일 대 다의 현상이 일어날 수 있는 것으로 명사와 분류사의 결합에서의 선택제약은 필연적이 것이 된다.

명사와 분류사의 이와 같은 선택제약으로부터 소위 분류사의 주요 기능은 부류화가 아닌 수량구성에서의 단위 제공의 기능임을 알 수 있다. 따라서 '분류사'라는 명칭은 한국어나 중국어의 수량구성의 단위를 표현하는 부류들의 주요기능을 반영하지 못함을 알 수 있다.5)

그리고 더욱 중요한 것은 '번, 차례, 바퀴, 바탕' 등은 명사가 지시하는 실체(entity)의 수를 세는 단위가 아닌 동작이나 사건의 횟수를 세는 단위라는 것이다. 다시 말하면 명사의 부류화 기능이 주된 기능으로 보이는 '분류사'라는 명칭은 이 부류 표현들의 본질적 속성과 거리가 멀다는 것이다. 이로부터 '분류사'라는 명칭으로 동작을 세는 단위를 명명하는 것6)은 적합하지 않음을 알 수 있다. 따라서 본 연구에서는 이 부류 표현들을 '동작단위사'라고 부르고 '분류사'는 '단위사(수량단위명사)'와 그 의미대상을 같이하는 것으로 사용하여 논의를 펼칠 것이다.

3. 동작단위사의 의미적 특성

우선 기존 연구에서 동작단위사의 개념을 살펴보면, 곽추문(1996 : 19, 142)에서는 동작단위사를 '동작분류사'로 명명하고 동작·행위의 횟수 단위를 표시하는 분류사라고 정의하였다. 한편 '번, 입, 판, 대, 회' 등과 같은 분류사는 명사의 수효를 표시할 수 없고 동작의 수량이나 횟수만

---

5) 이런 점에 비추어 박진호(2011)에서는 '분류사'를 '단위사(unitizer)'라고 할 것을 제안하고 있는데 본고에서도 같은 입장임을 밝힌다.
6) 곽추문(1996)에서처럼 '동작분류사'라고 명명하는 것도 명사의 동사적 분류사(verbal classifier)와 헷갈리게 할 소지가 있다.

을 나타낸다고 하였는데 여기에서 '횟수'와 '수량'은 서로 다른 개념으로 나타나는데 이에 대한 해석은 없다. 그리고 동작분류사의 하위분류를 명사의 부류분류사와 같은 맥락으로 '단일성'과 '집체성'의 2분법으로 분류하는 것은 문제가 있다고 생각된다. 그리고 우형식(2001 : 148-149)에서는 동작단위사는 명목 척도의 [횟수]의 분류사이며 명사가 뜻하는 동작이 반복되는 수를 단위화한다고 하였다. 하지만 이런 분류사들은 어떤 실체로서의 명사의 수를 단위화하는 것이 아니고 동작이나 사건의 횟수를 단위화하는 것이다. 다시 말하면 소위 [횟수]의 분류사와 결합되는 명사는 동작성을 띠는, 문법적으로 명사의 기능이 있는 명사이지 실제 존재로서의 명사가 아니다. 즉 우형식(2001 : 169)에서도 밝힌 바와 같이 이른바 동작성 명사의 경우 명사가 지시하는 것은 사물이 아니라 하나의 사건[7]이 된다. 여기에서 짚고 넘어 가야 할 문제는 이런 분류사들은 본질적으로 사건의 수를 단위화하는 것이 아니라 사건의 발생 횟수를 단위화한다는 것이다.

다음 전형적 동작단위라고 할 수 있는 '번'이나 '차례'의 사전적 정의를 통해 그 의미적 속성을 살펴보도록 하자.

『표준국어대사전』에서 올림말 '번04(番)'은 의존명사로 다음과 같이 풀이되고 있다.

「1」 일의 차례를 나타내는 말.
¶ 둘째 번/다음 번 면담은 너이다.
「2」 일의 횟수를 세는 단위.
¶ 여러 번/누구나 한 번은 겪는 일/몇 번을 그 앞을 왔다 갔다 하여 보았지만, 들어갈 기회는 얻을 수가 없었다.≪김동인, 젊

---

7) 우형식(2001 : 138)에서는 사태(event)라고 함.

은 그들≫

「3」 어떤 범주에 속한 사람이나 사물의 차례를 나타내는 단위.
¶ 4번 타자/1학년 2반 34번/1번 버스.

그리고 '차례01(次例)'는 명사로 다음과 같이 해석되었다.

「1」 순서 있게 구분하여 벌여 나가는 관계. 또는 그 구분에 따라 각
각에게 돌아오는 기회. 늑등차01(等次)·서차(序次)·제차·차서
01(次序)·차제01(次第)「1」.
¶ 차례가 되다/차례를 지키다/차례대로 차에 오르다/모여 있던
새 떼가 차례로 날아오르다/제가 할 차례입니다.
「2」 책이나 글 따위에서 벌여 적어 놓은 항목.
¶ 책의 차례를 보면 그 책의 짜임을 알 수 있다.
「3」 ((수량을 나타내는 말 뒤에 쓰여))일이 일어나는 횟수를 세는 단위.
¶ 그는 같은 말을 여러 차례 반복했다./소나기가 몇 차례 쏟아졌
다./할아버지께서는 암으로 수술을 다섯 차례나 받으셨다.

여기에서 주목되는 것은 전형적인 동작단위사인 '번'이나 '차례'가 『표
준국어대사전』에서 각각 의존명사와 명사에 소속되었으나 모두 '일이
일어나는 횟수를 세는 단위'라는 의미항목을 갖고 있다는 것이다.
이상 선행연구와 사전적 정의로부터 우리는 동작단위사는 동작의 횟
수를 세는 단위라는 정보를 얻을 수 있다.
중국어 역시 동작의 횟수를 세는 동작단위사를 참여시켜 동작이나 사
건의 수량을 표현하는 언어이다. 중국어 학계에서는 일반적으로 우리가
말하는 '동작단위사'와 같은 의미로 '動量'이라는 명사를 사용하고 있으
며 그 개념적 정의는 '동작의 次數를 나타내는 量詞'로 보고 있다.8)

이로부터 '횟수' 또는 '차수(次數)'의 인지적 특성이 무엇인지를 밝히는 것이 바로 동작단위사의 의미적 특성을 밝히는 것이 되겠으나 아직까지 한국어 학계나 중국어 학계의 기존 연구에서 이를 제대로 밝힌 연구가 없는 듯하다.

동작의 '횟수'는 사물의 '개수'와 함께 우리가 주변 세계를 인식하고 반영함에 있어서 중요한 개념 중의 하나인 數 범주에 속한다. 이러한 數 개념을 언어에 반영할 경우 수 단위사가 참여하여 수량구성을 이루어 반영하는 언어 즉 이른 바 수 분류사 언어와 그렇지 않은 언어가 있어 한국어, 중국어, 일본어 등은 전자의 예이고 영어는 후자의 예이다. 數量 범주는 인간이 언어를 통하여 세계를 인식하고 기술하는 중요한 개념이며 사물, 사건, 性狀 등으로 이루어지는 우리의 인지 세계에는 수량개념이 포함되지 않는 데가 없다.[9] 사물의 量은 공간과 관계되고 사건의 量은 시간과 관계되며 사물 및 사건의 통계나 환산은 흔히 수량사나 수량구성과 같은 명확한 수량수단을 사용하게 되며 性狀의 量은 일반적으로 계산에 이용되지 않으며 수량사로 표현되는 것이 아니라 정도를 나타내는 어휘로 그 量의 등급을 나타내게 된다(張斌 2009 : 821참고). 여기에서 사건의 量이 바로 우리가 말하는 동작의 횟수와 맞먹는 개념인 것으로 사건의 量이 시간과 관계된다는 것은 동작의 횟수가 시간과 관계된다는 것이다. 즉 사물의 수량은 그 사물이 공간을 차지하는 실체의 수량으로 나타나며 사건의 수량은 그 사건의 발생과정이 시간을 차지하는 동안의 수량으로 나타나게 된다. 다시 말하면 사건의 수량은 구체적으로, 사건

---

8) 王力(1984), 呂淑相(1982) 등.
9) 數量範疇는 단위사를 사용하여 可算性을 가지는지 여부에 따라 '數量'과 '等級量'으로 나뉘는데 사물, 사건은 가산성을 가지며 性狀은 [−가산성]의 의미적 특징을 가지며 등급량을 가질 수 있다. 數量은 또한 단위사의 참여 여부에 따라 數범주와 量범주로 나뉜다고 한다(張斌 2009 : 823참고).

의 동작이나 변화의 발생과정이 차지하는 시간(동안)을 세는 수량이라는 것이다. 사건의 수량을 시간으로 나타낼 경우, 시간단위사가 참여하면 그 사건의 발생과정에 걸린 시간을 나타낼 수 있고 동작단위사가 참여하면 그 동작이나 사건의 횟수를 나타내어 동작이나 사건의 반복성 즉 빈도를 나타낼 수 있다. 예컨대, '한 가지10)에 몇 번을 찼니?'라고 물으면 제기를 한 가지에 몇 번을 반복하여 찼는가를 묻는 것이 되며 만일 '한 가지에 몇 분 찼니?'라고 물으면 제기를 한 가지 차는 데 걸린 시간을 묻는 것이다.

동작단위사의 이런 인지적 특징은 한국어의 언어적 사실에 잘 반영되어 있고 이는 동작단위사의 사전적 기술에서 잘 드러나고 있다.

(5) 가. 가지
나. 물
다. 바탕

『표준국어대사전』에 의하면 (5가)의 '가지'는 '제기차기에서, 제기를 차기 시작해서 땅에 떨어뜨리기까지의 동안을 세는 단위'이며 (5나)의 '물'은 '옷을 한 번 빨래할 동안'을 나타내며 (5다)의 '바탕'은 '어떤 일을 한 차례 끝내는 동안을 세는 단위'이다. 이들은 사실상 동작의 횟수를 세는 단위로 (6)과 같이 쓰일 수 있음을 발견할 수 있다.

(6) 가지 : 제기를 두 가지에 몇 번을 찼니?
물 : 다섯 물을 빨았다.

---

10) 동작단위사 '가지'는 제기차기에서, 제기를 차기 시작해서 땅에 떨어뜨리기까지의 동안을 세는 단위임.

바탕 : 씨름을 몇 바탕 했다.

따라서 '가지'의 사전적 의미는 '제기차기에서, 제기를 차기 시작해서
땅에 떨어뜨리는 동작의 횟수를 세는 단위'로, '물'의 의미는 '옷을 물에
넣었다가 꺼내는 동작의 횟수를 세는 단위'라고 할 수도 있는 것이다.
이로부터 사전에서 동작의 시간적 과정 즉 '동안'을 세는 단위는 횟수를
세는 단위와 같이 동작단위사임을 알 수 있다.

중국어 학계에서는 동작단위사(動量)의 정의에 대해 '동작의 次數(횟수)
를 나타내는 量詞'라는 견해에는 일치를 보이지만 '동작의 양(動量)'의
의미적 특성에 대하여서는 학자들의 견해가 다소 다르다. 대표적인 연구
를 보면 呂淑湘(1982 : 232)에서는 동작의 횟수는 일면 '量'의 개념과 관계
되고 다른 일면 시간적 개념과 관계된다고 하였다("動作的次數, 一方面和'量'
的觀念有關, 一方面也和'時'的觀念有關."). 그리고 石毓智・李訥(2001)에서는 動
量詞(동작단위사)를 '次數時間詞(횟수시간사)'라고 하면서 동작의 발생 및 같
은 길이 동작과정의 반복을 나타낸다고 하였다("動作的發生和相同長短動作過
程的重複"). 한편 史金生・胡曉萍(2004)에서도 비슷한 견해로 동작의 시간
량은 동작의 반복 횟수 또는 연속되는 길이로 표현된다고 하였다("動作的
時間量表現在動作重複的次數或連續的長度上."). 그리고 張斌(2009 : 824)에서는 動
作量에 대하여 행위동작의 힘의 크기, 동작 범위, 활동의 폭, 반복 횟수,
지속 시간 등을 세는 量이라고 하였다("動作量是計算行爲動作等的力度,涉及的
範圍,活動的幅度,反復的次數和持續的時長等的量."). 한편 朱景松(1998)에서는 동작
의 양에 대해 동작시간의 길이, 동작 횟수의 수량, 동작 목적성의 강약,
동작 절박성의 정도, 동작의 폭의 크기, 동작의 힘의 크기, 동작 난이도,
동작의 정중성의 정도, 동작의 강제성의 정도, 동작 결과의 기대치 정도,
어조의 강약 정도 등이라고 했다("動作時間的長短;動作次數的多少;動作目的性的

强弱;進行某個動作迫切程度的高低;動作幅度的大小;動作力度的大小;動作難度的大小;動作鄭重性程度的高低;動作强制成分的多少;對動作結果期望值的高低;語氣強烈與緩和.").

그리고 劉街生(2003 : 51)에서는 수사가 결합된 수량구조는 동작의 양을 나타내며 따라서 항상 사건과 관계되며 [+사건]이라는 의미적 특징을 내포하게 되고 동시에 동작의 次數는 '量'적 개념과 관계되고 시간적 개념과도 관계되므로 [+시간]의 의미적 특징도 갖는다고 하였다("動量詞和數詞構成的數量結構表示動作的量,因此總與事件有關, 蘊含一個[+事件]特徵. 由於"動作的次數, 一方面和'量'的觀念有關, 一方面也和'時'的觀念有關",因此也蘊含一個[+時間]特徵.").

이상의 연구에서는 동작단위사(動量)는 '동작의 次數(횟수)를 나타내는 量詞'이며 동작의 횟수는 일면 '量'의 개념과 관계되고 다른 일면 시간적 개념 및 동작의 반복성과 관계되며 '동작의 양(動量)'은 동작의 크기, 동작의 범위(폭), 동작의 시간, 동작의 횟수 등이 있음을 밝히고 있다. 하지만 문제로 남는 것은 동작단위사가 計量하는 동작의 명확한 量은 무엇이며 구체적으로 '동작의 횟수'란 어떤 의미적 속성이 있는가 하는 것이 밝혀지지 않았다는 것이다. 본 연구에서는 동작단위사로 計量되는 동작의 명확한 量은 동작의 횟수일 뿐이고 기타 동작의 量 예컨대, 동작의 크기, 동작의 범위(폭), 동작의 시간 등의 量은 동작단위사가 적용되는 동작이나 사건의 특징으로 말미암아 모호하게 나타날 수 있다는 것을 짚고 넘어가려고 한다. 즉 동작의 횟수는 동작단위사로 計量하고 기타 동작의 크기, 동작의 범위(폭), 동작의 시간 등의 量을 명확하게 나타내려면 도량형 분류사나 시간 단위사(시, 분, 초)를 사용해야 한다는 것이다.

동작은 시간적으로 시간단위사와 동작단위사 두 가지 방식으로 計量할 수 있다. 그 중 시간단위사로는 동작이 차지한 연속적인 시간의 길이를 計量하는 것으로 동작의 시간적 연속성을 나타내고 동작단위사로는 동작이 시작되어 끝날 때까지 차지하는 시간과정을 하나의 整體로 인지하고 計量하는 것으로 동작의 횟수를 計量하는 것이 되며 이는 추상적으로 시간을 量化한 외연을 나타내고 동작의 반복성과 관계된다.

(7) 가. 제기를 세 가지 찼다.

　　나. 한 가지에 다섯 번 찼다.

(8) 제기를 한 가지에 20분 찼다

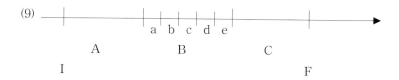

(9)의 도식에서 화살표는 시간의 축이며 '제기차기'라는 사건은 I점에서 시작되어 F점에서 끝났음을 표시한다. (7가)에서 '제기를 세 가지 찼다'라고 하는 것은 제기를 차기 시작해서 땅에 떨어뜨리기까지의 동안이 셋이고 한 가지 차는데 걸리는 시간은 다를 수 있으며 각각 A, B, C로 나타낼 수 있다. 그리고 (7나)의 동작단위사 '번'은 제기를 한 가지에 발로 차올려서 다시 발에 떨어지기까지의 동안의 수가 다섯이므로 B가지에서 각기 a, b, c, d, e로 나타낼 수 있다. 여기에서 동작단위사 '가지'와 '번'은 구체적인 제기차기의 시간의 양을 나타내는 것이 아니고 제기 차기라는 사건에서 동작의 발생 및 반복성에 관계되며 제기차기 동작의 횟수를 나타낸다. 반면 (8)은 제기를 차기 시작해서 땅에 떨어뜨리기까지의 동안이 20분이라는 시간이 걸렸음을 의미하며 I에서 F까지의 동작의 시간적 연속성을 반영하게 된다.

본 연구에서는 중국어에서도 마찬가지로 동작단위사가 세는 수량은 동작의 '횟수'이고 동작의 '횟수'는 동작이 시작되어 끝나는 '동안'의 수량을 의미하며 동작의 '횟수'를 세는 단위라는 것이 동작단위사의 기본적인 의미적 특성이라고 본다. 바꾸어 말하면 동작단위사로 표현되는 동작의 수량은 동작의 횟수일 뿐이며 동작의 힘의 크기, 범위, 폭, 시간 등의 수량은 'N, m, 分' 등과 같은 도량형 단위사로 표현될 수 있는 것이다. 다만 동작단위사의 적용 대상의 동작이 다름에 따라 그 동작의 특징에 대한 정보는 어느 정도 나타낼 수 있어 동작의 시간의 길이, 힘의 크기, 동작의 폭, 동작의 난이도 등 특징이 반영될 수는 있으나 수적으로 명확히 표현되는 것은 아니라는 것이다. 특히 중국어의 경우는 기타 漢藏어족의 언어들보다도 단위사가 발달하여 동작단위사도 수적으로 많고 기능도 다양하다. 이는 동작의 세분화가 많이 이루어져 동작단위사가 나타낼 수 있는 특징도 유형론적으로 같은 분류사 언어에 속하는 다른 언어에 비해 더 많을 수 있음을 말해준다.

(10) 가. 下 : 打一下(한 대 치다)
　　　 次 : 去一次(한 번 가다)
　　　 回 : 試兩回(두 번 해보다)
　　 나. 番 : 硏究了一番(한 번 연구하다)
　　　 通 : 挑剔了一通(한 바탕 고르다)
　　 다. 遍 : 數一遍(한 번 세다)
　　　 頓 : 吃一頓(한 끼 먹다)
　　　 敎訓了一頓(한 바탕 혼내다)
　　 라. 趟 : 來一趟(한 번 오다)
　　　 場 : 放一場(電影)(영화를 한 번 상영하다)

下一場(雨) (비가 한 차례 오다)

(10가)의 동작단위사 '下, 次, 回'는 보통 동작동사와 거의 다 어울리어 쓰이고 (10나)의 '番, 通'은 시간이 걸리고 정력이 드는 동사들과 어울리는데 부정적인 의미가 있을 경우에는 '通'을 쓴다. 그리고 (10다)는 반복되어 행해지는 동사와 어울리며 그 중 '頓'은 음식행위를 세는 단위이기도 하고 욕설행위를 세는 단위이기도 하다. 한편 (10라)는 흔히 移動동사와 어울리어 공간의 이동을 나타내며 '場'은 장소가 동반되는 동작을 세는 단위이며 자연현상을 나타내기도 한다.

4. 동작단위사의 기능적 특성

동작단위사의 기능은 그 의미적·통사적 기능 및 한국어 문장구성에서의 역할 등의 면에서 찾아 볼 수 있다.

우선 동작단위사의 기능은 동작의 수량(셈)에 관여해서 즉 동작의 횟수를 세는 단위를 제공하여 동작을 셀 수 있게 해주며 그 적용 대상의 동작의 의미론적 특징을 반영하여 특질화하기도 하는 것이다. 이는 동작단위사의 개념을 통해 알 수 있다.

(11) 가. 한 수만 물리자
    나. 그와 바둑을 세 판이나 두었다.
    다. 닭이 세 홰 울다

(11가)의 '수(手)'는 바둑이나 장기 따위에서, 한 번씩 번갈아 두는 횟

수를 세는 단위로 바둑이나 장기 따위에서 한 알을 두는 동작을 수량화하고 있으며 동시에 그 동작에 대하여 '바둑이나 장기라는 오락'이라고 의미를 한정하고 있다. (11나)의 '판'은 '승부를 겨루는 일을 세는 단위'로 바둑을 시작하여 끝나기까지의 동안의 수 즉 바둑을 둔 횟수를 나타내며 동시에 여기에서 승부를 겨루는 일은 '바둑두기'라는 의미적 특징을 부여한다. 그리고 (11다)의 '홰'는 '새벽에 닭이 올라앉은 나무 막대를 치면서 우는 차례를 세는 단위'로 닭이 우는 동작의 횟수를 나타내며 그 동작에 대하여 '닭이 우는' 동작이라는 의미를 부여하여 특질화한다고 하겠다.

이러한 동작단위사는 '하나' 이상의 수관형사와 함께 동작의 반복성을 나타낼 수 있는데 이는 부류분류사가 수량구성의 요소로 사물의 복수화에 관여하는 특성과 같은 맥락이다. 예컨대, '그 영화를 다섯 번 보았다.'에서 동작단위사 '번'은 영화를 본 횟수가 명확히 다섯이며 수관형사 '다섯'과 함께 '다섯 번'이라는 수량구성은 한 영화를 본 동작의 반복성을 나타내게 되는 것이다.

또한 한국어 동작단위사 범주는 필수적으로 사용해야 하는 강제성을 띤다. 즉 동작의 횟수를 셀 경우 동작단위사를 반드시 사용하여 단위를 제공해야 한다. 다른 일면 이는 한국어에서 동작단위사는 생략이 불가능함을 의미한다. 즉 생략할 경우 의미가 달라지는데 이는 도량형 분류사나 집합 분류사를 생략할 수 없는 것과 같은 맥락이며 부류분류사와 구별되는 다른 기능이기도 하다. 예컨대, '제기를 한 <u>가지</u>에 다섯 <u>번</u> 찼다'에서 동작단위사 '가지'와 '번'을 생략한다면 상기 문장과 같은 내용의 정보 전달이 불가능할 뿐만 아니라 문장자체가 성립되지 않는다.

한편 본 연구에서는 동작단위사는 부류분류사의 기능과 같은 사물의 개체화(개별화)의 기능은 가지지 않는다고 본다.[11] 그것은 동작단위사와 사물단위사의 수량화 대상 즉 셈에 관여하는 대상이 사물과 동작(사건)이라는 서로 다른 대상이기 때문이다. 사물, 유기체, 행동범주는 우리가 세계를 인지하는 인지적 범주이며 그 중 행동은 원형적 범주이고 하위층위 범주는 하위유형이 아닌 행동의 단계나 부분을 표현한다. 이로부터 행동은 부분이나 단계로 세분화되는 것이기에 개별 실체로 개별화되기 어렵다는 것을 알 수 있다. 한국어에서 부류분류사가 들어간 수량구성의 일반적 구성인 '명사+수관형사+분류사'는 기본범주와 자연개체 구성원의 관계를 나타낼 수 있다. 예컨대, '사람'은 유기체인 기본범주이며 '사람 열 명'은 이 기본범주 속의 자연개체 구성원의 수량을 나타낸다. 하지만 '바둑을 세 판 두다'에서의 '바둑 두기'는 행동범주로 유형관계가 아닌 부분이나 단계로 세분화될 수 있12)어 '세 판(세 부분 또는 세 단계)'으로 나뉠 수 있다. 그리고 한국어에서 일반 명사는 임시로 부류분류사적인 기능은 가질 수 있어도 동작단위사적인 기능은 가질 수 없다는 것도 이 점을 설명해준다고 생각된다.

동작단위사는 그 인지적 특성으로 말미암아, 동작이 시작하여 끝나는 시간과정(동안)을 세는 단위이기에 시간성을 나타내게 된다. 한국어 동작단위사 중 '사건의 횟수'를 나타내는 동작단위사는 대개 상대적으로 긴 시간성을 나타낼 수 있다. 예컨대, '바탕(씨름을 몇 바탕 하다)', '차례(소나기가 몇 차례 쏟아졌다)', '탕(아르바이트를 하루에 두 탕이나 뛰다)', '축(장마당을 두

---

11) 張斌(2009 : 844)에서는 중국어에서 '打(치다)'는 하나의 행위동작이며 '打兩拳(주먹으로 두 번 치다)'는 행위의 개체수량이라고 하고 있는데 이는 논의의 여지가 있는 것 같다.

12) 행동은 원형적 범주로 상위층위 범주와 하위층위 범주가 존재하지만, 그다지 완전하게 발달하지 않았으며, 하위층위 범주는 하위유형이 아닌 행동의 단계나 부분을 표현한다. 사건은 유형 위계가 가능하지만, 아주 종종 부분(또는 단계)과 전체 간의 관계는 사건의 개념화에 더 본질적이다(프리드리히웅거러 · 한스-요르그슈미트 2010 : 162참고).

축이나 다녀왔다)' 등과 같은 동작단위사들이다. 한편 '동작의 횟수'를 세는 단위로 나타나는 동작단위사는 상대적으로 짧은 시간성을 나타내기도 한다. 예컨대, '수(手)', '걸음', '발자국' 등이 있다. 하지만 '번'은 동작이나 사건의 횟수를 세는 단위로 통용되는 동작단위사로서 [+순간성]이나 [+과정성]의 동작을 포함한 동작 및 사건의 횟수를 두루 나타낼 수 있다(예 : 오늘 하루 제기를 두 번 찼다/한 번에 두 가지 찼다/한 가지에 열 번 찼다).

그렇다면 이러한 동작단위사들이 통사적으로 어떤 기능이 있는지 살펴보도록 하자.

우선 동작단위사는 분포적으로 다음과 같은 양상을 보인다.

(12) 가. 하루에 커피를 두 번 마신다.
　　 나. 운동장을 세 바퀴 돌았다.
　　 다. 엄마한테 한 바탕 혼났다.
　　 라. 세 차례의 심사를 통과했다.
　　 마. 한 번은 봐준다.
(13) 가. 담배를 한 대 채운다.
　　 나. 담배 두 대 피웠다.
(14) 가. 지난번에는 고마웠어요.
　　 나. 그런 일을 여러 번 겪었다.
　　 다. 약속을 번번이 어겼어.

(12가, 나, 다)에서 동작단위사 '번, 바퀴, 바탕'은 수 관형사와 함께 수량 구성을 이루고 동작동사 앞에서 동사를 수식하는 부사어 기능을 하고 있다. 이 때 '수 관형사＋동작단위사' 수량 구성의 위치는 동사 앞

에 오는 것이 일반적이나 필수적인 것은 아니다. 그것은 동작단위사의 의미적 기능이 동작의 횟수뿐만 아니라 일의 횟수 즉 사건의 횟수를 세는 단위도 제공하는 것으로 여기에서 사건은 사물, 유기체, 행동범주의 융합을 표상하기 때문이다. 따라서 (12가)는 '하루에 두 번 커피를 마신다.'고 할 수도 있는 것이다. 하지만 동작의 횟수를 세는 단위가 분명한 (12다)의 경우는 반드시 동작동사 '혼나다'의 앞에 오게 된다. (12라)의 동작단위사 '차례'는 수 관형사와 함께 수량 구성을 이루어 속격조사 '의'와 결합되어 명사를 한정하는 관형어 기능을 하고 있다. 한편 (12마)에서 동작단위사 '번'은 수 관형사와 함께 주제화문에 사용되고 있음을 볼 수 있다. 이런 기능은 동작단위사가 그 적용 대상인 동작에 대해 특질화하고 부류화하는 기능이 있어 '수 관형사+동작단위사'의 구조로 동작이나 사건을 대체할 수 있기에 가능하다. 이는 부류분류사가 사물을 수량화할 뿐만 아니라 부류화하는 기능이 있기에 사물의 양을 셀 때 직접 수량구조로 사물을 대체할 수 있는 것과 같은 맥락인 셈이다. 예컨대, '오늘 점심에는 (밥) 두 그릇이나 먹었다.'에서 '두 그릇'은 밥을 대체할 수 있는 대용화가 가능하여 '밥'은 생략할 수 있는 것이다. 이로부처 '수 관형사+동작단위사'의 수량 구성은 주로 동작을 나타내는 동작동사와 결합되지만 '수 관형사+동작단위사+의'과 같은 구조로는 명사와도 연어관계가 이루어질 수 있음을 알 수 있다.

(13가)에서 '대'는 부류분류사로 담배통에 채워 넣는 담배의 분량을 나타내는 단위로 쓰인 예이고 '담배 두 개비'에서의 '개비'와 마찬가지로 담배 개체를 세는 단위이며 (13나)는 '대'가 동작단위사로 담배를 피우는 횟수를 세는 단위로 쓰인 경우이다. 이처럼 한국어에서는 부류분류사의 기능이 있을 뿐만 아니라 동작단위사의 기능도 있는 분류사들이 있는데 예컨대, '고팽이'는 『표준국어대사전』에 의하면 '수량을 나타내

는 말 뒤에 쓰여' 새끼나 줄 따위를 사리어 놓은 돌림을 세는 단위로 '자네도 새끼 한 고팽이 꽈 보겠나?'와 같이 쓰이는가 하면 수량을 나타내는 말 뒤에 쓰여 두 지점 사이의 왕복 횟수를 세는 단위로 '…청석골을 몇 고팽이씩 할른지 아나.'와 같이 사용된다.

(14)는 한국어에서 동작단위사 중 통용되는 동작단위사라고 할 수 있는 '번'의 기타 사용 양상이다. '번'은 '이, 그, 저, 지난' 등과 같은 지시어와 결합되기도 하고 '여러, 서너' 등과 같은 약수와도 결합할 수 있다. 한편 (14나)는 '번'이 반복구조로 부사가 되어 '매 번'의 뜻을 나타내는 경우인데 이는 반복구성으로 '매 하나' 또는 '모든'의 의미를 나타내는 부류분류사의 기능과 같은 맥락이며 이는 언어의 유형론적 특징일 수 있다(채옥자 2011 : 77 참고).

이상의 논의를 정리하면 한국어의 동작단위사란 동작이나 사건의 횟수를 세는 단위이며 그 주요 기능은 동작을 수량화하는 것이고 부차적으로 특질화하기도 하며 '수 관형사＋동작단위사'의 수량구성을 이루어 동작을 나타내는 동사 앞에 선행하는 경우가 일반적이다.

이러한 한국어의 동작단위사는 (15가)와 같이 [＋순간성]의 동작동사로 나타나는 동작의 횟수를 세는 동작단위사와 (15나)처럼 일정한 시간을 두고 이루어지는 사건의 횟수를 세는 동작단위사로 나눌 수 있다.[13]

13) 이런 기준으로 한국어의 동작단위사를 살펴보면 채완(1990 : 177), 우형식(2001 : 149)에서 제기된 '건', 우형식(2001 : 149)의 '통(通)' 및 곽추문(1996 : 143)의 '입'이나 '모금'은 동작단위사가 아니라 부류 분류사이다. 우선 '건'은 사건, 서류, 안건 따위를 세는 단위인 부류분류사이고 사건의 발생 횟수를 세는 동작단위사는 '번'이다. 예컨대, '교통사고가 네 건이나 일어났다'에서 '건'은 수 관형사 '네'와 결합되어 발생한 '교통사고'의 수량을 나타내며 추상명사 '교통사고'를 개체화한 것이고 '교통사고가 네 번이나 일어났다'에서 '번'은 수 관형사 '네'와 결합되어 발생한 '교통사고'의 횟수를 나타내며 '교통사고'가 일어난 빈도를 나타내게 된다. 다음 '통(通)'은 편지나 서류, 전화 따위를 세는 단위이고 '입'은 한 번에 먹을 만한 음식물의 분량을 세는 단위이며 '모금'은 액체나 기체를 입 안에 한 번 머금는 분량을 세는 단위로 부

(15) 가. 걸음, 대01, 발09(發), 발/발짝, 방, 점10, 합01(合), 홰01 등

　　나. 게임, 그루, 교02(校), 끼01, 고팽이, 돌림01, 무08(無), 바퀴,
　　　　바탕02, 박10(泊), 배1, 번, 벌05, 범04(犯), 사리, 선15(選), 수
　　　　04(手), 승12(勝), 잠1, 주11(周), 켜, 탕01, 판, 패01(敗), 차03
　　　　(次), 차례, 축, 회08(回) 등

5. 맺음말

　본 장에서는 한국어에서 동작이나 사건의 횟수를 세는 단위를 나타내
는 범주를 동작단위사라고 하고 그 의미적 특성 및 기능적 특성을 살펴
보았다. 요약하면 동작단위사로 표현되는 동작의 수량은 '횟수'이며 '횟
수'의 인지적 특성은 동작이 시작되어 끝나는 데 걸리는 동안(시간)의 수
량을 의미하는 것이다. 즉 동작의 量은 동작이 차지한 시간으로 계산할
수 있어 시간단위사를 사용하면 동작과정에 걸린 시간을 나타내고 동작
단위사를 사용하면 동작이 반복된 횟수를 나타내는 것이다. 그리고 동작
단위사의 기능은 수량화나 특질화이며 주요 기능은 수량화라고 할 수
있다. 하지만 개체화나 개별화는 아니다. 이런 분석은 유형론적으로 같
은 분류사 언어에 속하는 중국어의 動量(동작단위사)의 의미적 특성을 밝
히는 데에도 어느 정도 통찰력을 제공해 줄 수 있을 것으로 생각된다.
한편 한국어의 동작단위사는 '수 관형사＋동작단위사'의 수량구성을 이
루어 동작을 나타내는 동사에 선행하여 부사어의 기능을 하는 것이 일
반적이지만 '수 관형사＋동작단위사＋의'의 구조로 명사에 선행하여 관
형어의 기능도 할 수 있다.

　류분류사에 속하는 것으로 동작이나 사건의 발생 횟수를 세는 동작단위사가 아니다.

그런데 (15나)의 교02(校), 무08(無), 박10(泊), 범04(犯), 선15(選), 승12(勝), 주11(周), 패01(敗), 차03(次) 등은 사건의 '횟수'를 나타내는 단위로 동작단위사의 의미적 특성을 가지고 있지만 일음절로 된 한자어이고 한자어수사와만 결합되는 등 기타 동작단위사와 다른 통사적 기능을 가지고 있는 것이 특이하다. 한국어에서 동작단위사는 그 의미적 속성 및 기능에 따라 분류되어야 하는 바 사전에서는 대부분 의존명사에서 찾아볼 수 있으나 명사(예 : 걸음, 차례, 고팽이 등)에서도 나타난다. 본 장에서는 『표준국어대사전』에서 나타나는 '횟수'를 세는 단위들을 찾아 한국어의 동작단위사를 명사의 부류분류사와 대등한 것으로 유형화하고 체계화하였다. 이는 한국어의 동작단위사의 하위분류화를 가능케 하고 나아가서 한국어의 분류사 전반에 대한 체계적인 연구를 새롭게 하는 계기가 될 수도 있을 것이다.

1. 머리말

일반적으로 분류사는 명사 부류화의 하나로 명사가 지시하는 실체 (entity)의 성격에 의하여 선택되는 언어 요소로 보고 있다(Lyons, 1977 : 461). 분류사의 유형에 대해서는 Allan(1977)은 네 가지 유형으로, Craig (1994)는 다섯 가지로, Aikhenvald(2000)에서는 가장 세분화하여 일곱 가지로 제시하고 있다.[1] 그 중에서 수 분류사는 전형적인 분류사로 세 가지

---

1) Allan(1977)에서는 수 분류사 언어(numeral classifier language), 일치적 분류사 언어 (concordial classifier language), 술어 분류사 언어(predicate classifier), 처소-내적 분류사 언어(intra-locative classifier language) 등 네 가지 유형으로 분류사가 있는 언어를 제 시하고 Craig(1994)에서는 명사류(noun class), 수 분류사(numeral classifier), 명사 분류 사(noun classifier), 소유 분류사(genitive classifier), 동사적 분류사(verbal classifier) 등 다섯 가지로 제시하고 있다. Aikhenvald(2000)에서는 명사류(noun class), 명사 분류사 (noun classifier), 수 분류사(numeral classifier), 동사적 분류사(verbal classifier), 소유 분 류사(genitive classifier), 지시 분류사(deictic classifier), 처소격 분류사(locative classifier) 등 일곱 가지 유형으로 제시하고 있다.

분류법에서 모두 나타나고 있는데 유형론적으로 한국어와 중국어는 수 분류사 언어에 속한다. 그렇다면 한국어와 중국어에서 수 분류사는 어떤 성격을 가지고 있으며 그 발달 정도는 어느 정도인가 하는 것이 문제로 제기될 수 있다. 이런 문제의식을 가지고 선행연구를 살펴보면, 우선 수 분류사에 대한 명칭에 대하여 한국어 학계와 중국어 학계에서는 수용 양상을 달리하고 있다. 한국어 문법론에서는 '불완전한 이름씨(최현배, 1946)', '수량 명사(수량 대명사)(이희승, 1955), '의존명사(고영근 외, 1985)' 등으로 불려 왔으며 최근에는 대체로 '분류사'라는 명칭으로 연구되고 있다. 한국의 사전에서는 수 분류사에 대하여 '양대 명사(이희승 사전)', '수량의 단위(남영신, 1987)', '의존명사(표준국어대사전)' 등으로 호칭하고 있다. 한편 중국어 학계에서는 '수 분류사'에 대하여 '別稱(馬建忠 1898)', '數量詞' 또는 는 '陪伴詞(張世祿 1940)', '單位名稱(王力 1955)'로, '單位指稱(약칭單位詞, 呂淑相1942)', '數位詞' 또는 '范詞(高名凱 1948)' 등으로 불러 오다가 20세기 50년대부터 '양사(量詞)'로 통일하여 부르게 되었으며 사전에서도 분류사를 '量詞'로 밝히고 있다.

이처럼 수 분류사에 대하여 한국어학계와 중국어학계에서 호칭을 달리하고 있는 현상은 분류사[2]의 성격 및 기능에 대한 인정의 차이를 보여 주기도 하며 사전에서의 표시 여부는 분류사를 명사로부터 독립된 문법범주로 인정하는지 여부를 보여 주기도 한다.

다음 분류사에 대한 한국어 학계와 중국어 학계의 연구를 살펴보면, 한국어 학계의 연구 초점은 분류사의 구조나 의미로, 최현배(1946), 서정

---

2) 채옥자(2012)에서는 소위 분류사의 주요 기능은 부류화가 아닌 수량구성에서의 단위 제공의 단위화 기능이며, '분류사'라는 명칭은 한국어나 중국어의 수량구성의 단위를 표현하는 부류들의 주요기능을 반영하지 못함으로'단위사'라는 명칭이 적합함을 논의하였다. 본고에서는 편의상 이하 분류사라 부르기로 하며 분류사의 개념은 도량분류사와 부류분류사를 포함한 범위로 잡고 논의를 하고자 한다.

수(1996), 이익섭(1973), 김영희(1976, 1981), 채완(1990), 유동준(1983), 임동훈(1991), 임홍빈(1991a, 1991b), 김지홍(1999), 우형식(2000), 시정곤(2000), 신호철·이현희(2009) 등이 있다. 그리고 채완(1982, 1996)은 수량사 구문의 통시적 연구이고 김선효(2005)는 국어 분류사의 문법화에 대한 연구이다.

한편 중국어 학계에서의 분류사에 대한 연구는 여러 각도에서 다양하게 행해왔음을 볼 수 있다. 전통적으로 馬建忠(1898)의 『馬氏文通』을 비롯하여 張世祿(1940), 王力(1955), 呂淑相(1942), 高名凱(1948), 郭紹虞(1951), 黎錦熙、劉世儒(1978年), 劉丹青(1988), 王　力(1989) 등에서는 분류사의 성격, 기능 및 통사구조에 대한 영향을 논의하였고 貝羅貝(1998), 劉世儒(1961), 黃載君(1964), 吳福祥, 馮胜利, 黃正德(2006) 등은 분류사에 대한 통시적 연구이며 李宇明(2000), 戴慶廈, 蔣穎(2005)는 반복형 분류사에 대한 연구이고, 郭　銳(2002), 劉丹青(2002), 司馬翎(2007) 등은 분류사의 기능에 대한 연구이며 戴慶廈, 蔣穎(2004), 蔣穎(2007)은 분류사에 대한 유형론적 연구이고 王紹新(2010), 金福芬, 陳國華(2002), 安豊存, 安豊科(2011)는 분류사의 문법화에 관한 연구이다. 그리고 한국어와 중국어 분류사에 대한 대조 연구는 한국과 중국에서 적지 않게 이루어져 金珍我(2002), 곽일성(2004), 김인균(2005), 진봉매(2010), 이영남(2011) 등이 있는데 대부분 의미적으로 단순 비교한 연구에 속한다고 할 수 있다. 그밖에 李知恩(2011)에서는 수분류사 언어의　분류사 구성의 유형론적 특징을 논의하면서 한국어와 중국어의 분류사 구성을 대조하고 있다.

본고에서는 이상과 같은 선행연구를 바탕으로, 좀 더 다양한 시각으로 접근하여 한국어와 중국어의 분류사에 대하여 우선 범주적인 차원에서, 한중 양어에서의 양적인 분포, 기능 및 범주로서의 독립성 여부를 살펴보고 다음은 부류 분류사 자체의 기능이 어떻게 나타나는지 살필 것이며 그 다음은 부류 분류사 범주의 문법화에 대하여 살펴봄으로써 개별 언어의 분류사의 이해에 어느 정도 통찰력을 제공해 주고 한국어와 중국어의 분류사가 유형론적으로 어떤 지위에 있는지를 밝히어 보고자 한다.

2. 한·중 양어의 分類詞 범주

한국어와 중국어에서 分類詞 범주는 기능적으로 차이가 있어 그 개별 언어에서의 역할이 다른 양상을 보이고 있는데 구체적으로 그 양적인 분포와 분류체계 및 의미적 기능 면에서 살펴보도록 하자.

2.1. 한·중 양어 分類詞의 양적 분포 및 분류 체계

한국어에서 분류사의 양적 분포는 채완(1990), 김승곤(1996) 등에서 찾아볼 수 있는데 채완(1990)에서는 160항목에 이르는 분류사를 다루고 있으며 김승곤(1996)에서는 178개의 항목을 다루고 있으며 임홍빈(1991b)에서는 기존 연구에서 다룬 약 298개의 항목을 다루고 있다.

중국어에서 분류사는 郭先珍(2002)의 『現代漢語量詞詞典』에서는 총 600개의 항목에 이르는 분류사를 다루고 있으며 劉子平(1996)의 『漢語量詞詞典』에서는 892개 항목의 분류사를 다루고 있다.

이로부터 중국어의 분류사가 한국어의 분류사보다 양적으로 더 많은 분포를 보이고 있음을 알 수 있는데 이는 한국어에서의 분류사 범주의 기능보다 중국어에서의 분류사 범주의 기능이 더 클 수 있다는 것을 시사해준다.

한국어에서 분류사에 대한 분류의 체계를 보면, 김영희(1981)에서 분류사의 기본 범주를 "재료, 모양, 밀도, 크기, 장소, 배열, 수량"의 7가지로 나누었고 유동준(1983)에서는 "척도, 모양, 배열, 人性, 수량"의 5범주로 나누고 다시 14개의 하위 범주로 세분하였다. 그리고 채완(1990)에서는 명사의 기능에 따라 衣, 食, 住生活 관계, 文字生活 관계, 기계·기구류, 행위·사건 명사에 연결되는 분류사, 모양에 따라 선택되는 분류사, 人體가 척도가 되는 분류사(일시적 도량분류사)로 나누고 있다. 그리고 채옥자(2013)에서는 한국어 분류사를 기본적으로 사물 단위사, 동작 단위사(예 : 번, 차례, 회, 바퀴, 순배, 판 등), 시간 단위사(예 : 초, 분, 일, 주일, 달, 년, 세기 등)로 나누고 사물 단위사는 다시 개체 단위사(예 : 개, 명, 마리, 그루, 송이, 대, 장, 자루 등), 집합 단위사(예 : 켤레, 다스, 톳, 손 등), 도량형 단위사(예 : 미터, 킬로그램, 리터 등)로 나눌 수 있다고 하였다. 이로써 기존의 분류사의 체계에서 사물 단위사, 동작 단위사, 시간 단위사 등을 교집합으로 혹은 빈칸이 있는 체계로 기술하는 限界를 克服하고자 하였다. 한편 김선효(2005)에서는 분류사를 문법화의 정도에 따라 전형적 분류사(개(個), 마리 등), 준분류사(가라, 되, 흡, 마지기 등), 명사(사람, 학생 등)으로 나누어 다루고 있다.

중국어에서 분류사의 분류 체계에 대한 학자들의 견해는 다소 차이가 있지만 도량 분류사를 포함한 여러 종류의 분류사들이 공통된 문법적 특성을 가지며 個體量詞는 한정적이나마 부류화 기능이 있다고들 보고 있다. 張斌(2002 : 296) 『現代漢語』에서는 量詞를 우선 형태구조에 따라 單純量詞와 複合量詞(人次, 件套)로 나누고 單純量詞는 物量(사물분류사)과 動量(동작분류사) 및 時量(시간분류사 : 초, 분, 일, 년)으로 나누었다. 다음 物量은 또 專用과 借用으로 나누고 專用은 個體量詞(張, 匹, 條 등) 集合量詞(双, 副; 束, 群), 類別量詞(種, 級) 度量量詞(尺, 寸, 斤)로 나누었으며 借用은 기원에 따라 名詞借用(杯, 盒, 碗)과 動詞借用(捆, 卷)의 양사로 나누었으며 動量 역시 專用(次, 遍, 番)과 借用으로 나누고 借用은 다시 기원에 따라 名詞借用

(口, 脚, 刀)과 動詞借用(看, 說)으로 나누어 다루고 있다.

2.2. 분류사 범주의 기능

중국어에서 量詞의 사용이 있는 경우와 없는 경우의 의미는 확연히
다를 수 있다.

(1) a. 給他一刀   a´. 그에게 칼 하나 준다
    b. 給他一把刀   b´. 그에게 칼 한 자루 준다

(1a)에서는 수사 '一' 뒤에 量詞를 사용하지 않고 직접 명사 '칼'의 뜻인
'刀'를 붙이고 있다. 이 경우 한국어로 '그를 칼로 찌른다'는 뜻3)으로,
이런 뜻은 (1b)의 '그에게 칼 한 자루를 준다'는 뜻과 전혀 다르게 나타
난다는 것을 알 수 있다. 이는 量詞가 통사적인 구조에 영향을 주어 量
詞를 사용하지 않았을 경우는 통사적으로 '動量補語' 구조가 되고 量詞
를 사용했을 경우는 數量詞구가 목적어로 되기 때문이다. 하지만 이 경
우 한국어 (1a´)의 '명사-수사'의 구성과 (1b´)의 '명사-수관형사-분류
사' 구성의 차이는 다른 의미를 나타내지 않는 것을 볼 수 있다. 이는 한
국어의 분류사는 이런 의미의 변별적 기능이 없다는 것을 말해준다.4)
중국어의 수분류사 구성은 '수사-분류사-명사'의 순서로 고정적인 것
이 특징이며 분류사의 사용은 필수적이다.

---

3) 만약 '刀(칼)'를 임시적 동작분류사(借用動量詞)로 본다면 '그에게 선지(宣紙) 100장을
준다'는 뜻과 같이 '칼로 자른 어떤 사물을 준다'는 뜻으로도 풀이될 수 있다.
4) 물론 한국어에서도 도량형의 분류사나 집합 분류사일 경우 의미를 변별하는 기능이
있으며 이런 분류사를 생략할 경우 문장의 의미가 달라질 수 있다. 이는 언어 일반의
보편성에 해당된다(戴慶厦 2006 : 100 참고).

(2) a. 一个苹果   a′. 사과 한 개
                                      a″. 사과 하나

중국어에서 (2a)의 量詞 '个'를 사용하지 않고 '一苹果'라고 했을 경우 비문[5]이 된다. 하지만 한국어에서는 (2a′)와 (2a″)는 모두 가능하여 분류사 '개'의 사용은 필수적이 아님을 말해준다.

현대 중국어에서 수 분류사 구성은 '수사–분류사–명사'이며 그 중 분류사는 불가결의 요소로 사용상 강제성을 가지게 된다.

한편 한국어의 수 분류사 구성에서 유표지의 전형적인 유형은 '명사–수관형사–분류사'이며 '수관형사–분류사(의)–명사'의 구성도 가능하다. 그런가하면 분류사가 없이도 수량을 나타낼 수 있어 '명사–수사'나 '수관형사–명사'의 수량 구성이 가능하게 되는데 이는 한국어의 분류사는 수량사구에서 필수적이 아님을 말해 준다.

이처럼 한국어와 중국어에서 분류사 범주는 양적으로 의미적으로 기능을 달리하고 있는 바 이는 분류사의 사용빈도에 영향을 주게 되며 궁극적으로 분류사 범주의 자립성 여부에도 영향을 미치게 된다.

한국어 학계에서는 한국어에서의 분류사 범주의 불안정성 및 분류사 자체의 모호성 등으로 말미암아 분류사를 여러 이름으로 불러 왔다. 한국어 문법론에서는 '불완전한 이름씨(최현배, 1946)', '수량 명사(수량 대명사)(이희승(1955)', '의존명사(고영근 외, 1985)' 등으로 불려 왔으며 최근에는 대체로 '분류사'라는 명칭으로 한국어의 수 분류사가 연구되고 있음을 볼 수 있다. 한국의 사전에서는 수 분류사에 대하여 '양대 명사(이희승 사

---

5) 현대 중국어에서 수사는 직접 명사를 수식하지 못하지만 글말(예 : 一草一木 : 풀 한 포기 나무 한 그루)이나 사자성구(成語)(예 : 九牛二虎 : 허위단심, 굉장한 힘, 엄청난 노력)에서는 가능하다.

전), '수량의 단위(남영신, 1987)', '의존명사(표준국어대사전)' 등으로 해석하고 있다. 기존의 한국어 분류사 연구에서의 분류사 범주의 설정에 관해 김선효(2005 : 111-112)에서는 세 가지 관점으로 정리하고 있는데 첫째는 범주 통합적 관점으로 임홍빈(1991a, 1991b)가 있으며 둘째는 범주 분리적 관점으로 이정민(1989 : 475-480), 남기심·고영근(1988/1993 : 78-79), 이익섭·채완(1999 : 139-144) 등이 있으며 셋째는 범주 절충적 관점으로 송석중(1967 : 219)과 김하수(1976 : 22) 등이 있다고 하였다. 이는 아직 분류사가 한국어에서 독립된 문법범주로 자리잡지 못했음을 의미한다.

한편 중국어 학계에서는 이른 바 '수 분류사'에 대하여 초기 문법서들 부터 보면, 馬建忠(1898)의 『馬氏文通』에서는 '別稱'이라 했고, 張世祿(1940)에서는 '數量詞' 혹은 '陪伴詞'라 했으며 王力(1955)에서는 '單位名詞'로, 呂淑相(1942)에서는 '單位指稱(약칭 單位詞)'이라 했으며 高名凱(1948)에서는 '數位詞'나 '范詞' 라고 하였다. 비록 초기 문법서들은 명칭을 달리하면서 분류사가 명사에서 벗어나 독립된 문법범주로 될 수 있는지에 대한 관점도 달랐지만 20세기 50년대 초에 이르러 中國科學院語言硏究所語法小組의 『語法講話』[6]에서 정식으로 분류사를 '量詞'라고 하고 품사 범주로 인정하면서부터는 다른 명칭으로 부르던 학자들도 '양사(量詞)'라고 부르고 있으며 사전에서도 '量詞'로 밝히고 있어 품사적으로 독립된 문법범주로 자리매김한 셈이다.

---

6) 1961년 商務印書館에서 『現代漢語語法講話』로 증간되었음.

3. 한·중 양어의 부류 分類詞

3.1. 부류분류사 설정의 기준에 대하여

한 언어가 분류사 언어인가 아닌가 하는 것은 부류 분류사의 존재 여부로 판단하게 되는데 한국어와 중국어는 분류사 언어에 속한다. 그런데 부류 분류사의 설정에 있어서 한국어나 중국어는 기준의 모호성이 존재한다. 이는 기원적으로 부류 분류사가 자립명사나 자립동사로부터 발달되어 왔고 공시적으로 자립명사가 임시로 부류 분류사처럼 기능하는 경우가 많은 것과 같은 분류사 자체의 특성 때문이라고 할 수 있다.

다음은 중국어에서 분류사가 반복되어 통사적으로 주어나 관형어가 되는 경우이다.

(3) a. <u>个个都是好樣的</u>
  b. <u>條條大路通羅馬</u>

(3a)는 전문적으로 사용되는 분류사가 없는 명사나 혹자는 전용 분류사가 있는 명사에도 쓸 수 있을 정도로 통용 분류사라고 할 수 있는 '个(個)'를 반복하여 '매 하나'나 '어느 것도 모두'의 뜻으로 쓰고 있으며 통사론적으로 주어의 기능을 하고 있다. 이 경우 문맥적으로 사람을 지시한다면 '모두들 잘한다'는 뜻이 될 수 있고 사물을 지시한다면 '어느 것도 다 좋다'는 뜻으로 해석할 수 있다. (3b)의 '條(條)'는 '가늘고 긴 명사'에 쓸 수 있는 분류사로 '一條線, 一條魚, 一條黃果, 一條街, 一條好漢' 등에서처럼 '실, 물고기, 오이, 거리, 사나이' 등과 같이 유정이나 무정은 물론 사람까지 포함하는 구체적 명사에 쓰일 뿐만 아니라 '一條新

聞, 一條方法’ 등에서처럼 ‘뉴스, 방법’ 등과 같은 추상명사에도 쓰이는 분류사이다. 여기에서는 반복구성으로 ‘길마다’의 뜻으로 문장에서 관형어가 되어 ‘대로(大路)’를 수식하고 있는데 관형어로서 ‘모든 길은 로마로 통한다’는 뜻이 된다.

이상과 같이 부류 분류사의 반복구성으로 ‘매 하나’ 혹은 ‘많은’, ‘모두’의 뜻을 나타내는 언어적 현상은 중국 학자들의 연구에 따르면 漢藏어족에 속하는 부류 분류사가 있는 소수 민족언어나 여러 방언에서 보편적으로 나타난다고 한다.

한국어에서도 이런 언어적 사실을 찾아볼 수 있다. 예컨대『표준국어대사전』에 ‘마디’의 반복형인 ‘마디마디’는 표제항으로 올라있으며 다음과 같이 뜻풀이되고 있다.

마디-마디

「명사」

…

「4」말, 글, 노래 따위의 각각의 도막. 또는 그 모든 도막.

¶ 배반한 자식에게 호소하는 가엾은 아버지의 애정과 눈물이 마디마디 사무친 글이다.≪김소운, 일본의 두 얼굴≫/쉬어 잠겨 마디마디 구성지게 회를 치는 가락이 정한에 사무쳐 가을비처럼 가슴을 쳤다.≪김원일, 불의 제전≫

…

이와 같은 맥락을 보이는 예들은 ‘걸음걸음’, ‘군데군데’, ‘방울방울’, ‘번번-이(부사)’ 등이 있다. 물론 한국어에서는 이런 명사(부사적 기능도 있음)들이 부류분류사가 반복된 것인지 명사가 반복된 것인지는 명사와 부류분류사의 구분이 분명하지 않는 것과 같이 불분명하고 또한 공시적으로 생산적으로 생성되는 중국어의 경우와 달리 통시적으로 형성되었다는 차이를 보이기도 한다. 하지만 특이한 것은 이런 반복구성에서 반복된 요소는 한국어에서도 부류 분류사의 기능이 있다는 것이다.

분류사의 이런 용법은 분류사가 원리적으로 수량화나 개체화라는 기능을 한다는 것을 뒷받침해주는 것으로 분류사의 이런 특징이 분류사 언어의 유형론적 특징이라면 한국어에서도 반복구성으로 '매 하나' 또는 '모든'의 의미로 쓰일 수 있는지 여부가 분류사와 명사를 구분하는 기준으로 될 수도 있지 않을까싶다.[7]

----

7) 임홍빈(1991b)에서는 한국어의 분류사의 변별 기준을 어휘적인 의미가 명백한 요소인 가, 양수 표현 뒤에 쓰일 수 있는가, 명수사 구성을 이룰 수 있는가, 서수 표현 뒤에 쓰일 수 있는가 등에서 찾을 수 있다고 하면서 수 관형사의 제약, 유추적 적용의 원리, 차례지음에 대한 제약 조건 등도 기준으로 될 수 있다고 하였다. 특히 전형적인 한국어 분류사를 점검하는 형식적인 기준으로 '-당(當)'이 첨가될 수 있는지의 여부와 '저것(이것, 그것)은 − 이다'와 같은 지시 문맥의 성립 여부, 그리고 단위를 표현하는 문맥의 성립 가능 여부를 제시하고 있는데 예컨대, '마리'가 분류사인 이유는 다음과 같은 조건을 만족하기 때문이라는 것이다.

　　가. 마리당 만원이다.
　　나. * 저것(이것, 그것)은 마리이다.
　　다. 소를 셀 때에는 마리로 센다.

이에 대하여 우형식(2001)에서는 '입장료는 명당 6천원입니다.'와 같은 예와 같이 '명(名)'의 경우 '-당(當)'이 첨가되기 어려운 점을 예들어 그런 기준도 언제나 적용될 수 없음을 논의하였다.
한편 이남순(1995)에서는 다음 예에서와 같이 단위성을 특징으로 하여 셈의 대상이 될 수 있는가의 여부가 명사와 분류사를 변별하는 기준이 될 수 있다고 한다.

　　가. 학생 한 명(* 명 하나)
　　나. 학생 한 사람(사람 하나)

3.2. 부류 分類詞의 문법화에 대하여

'문법화'는 두 가지 차원의 뜻이 내포되어 있는 것으로, 그 하나는 한 언어에서 어휘적 지위를 가졌던 형태소 이상의 단위가 문법적 지위로 변화하는 것으로 문법적이지 않던 것이 문법적인 것으로 바뀌거나 덜 문법적인 것에서 더 문법적인 것으로 변화하는 현상을 말한다(이성하 1998 : 21-23). 다른 하나는 문법적 범주의 형성과 문법적 요소들의 생성이다(沈家煊 1994 참고).

중국 학계의 연구를 보면, 문법적 범주로서의 분류사 범주가 언제 발달되어 성숙기에 이르렀는가 하는 문제에 대해서는 아직까지 학자들의 견해 차이가 심하게 나타나고 있다. 특히 언제 문법화 과정이 완성단계에 이르렀는가 하는 문제에 대한 의견은 가장 이른 시기는 先秦시기라는 의견이 있고 가장 늦게는 명청시기라는 견해도 있어 시기적으로 2천 년이나 차이 날 정도이다.

하지만 대부분 학자들은 현대 중국어에서의 수 분류사 구성 '수사-분류사-명사'의 구성이 고정된 시기를 분류사 범주의 완성시기로 보고 있다. 이런 견해의 연구를 보면 金福芬, 陳國華(2002), 王紹新(2010) 등이 있는데 그 중 王紹新(2010)에서는 중국어의 부류분류사 범주의 문법화를 분류사의 생성으로부터 문법화의 완성에 이르기까지의 과정을 상고 시기로부터 魏晉南北朝시기까지 4단계로 나누어 논의하고 있다.

① 상고시기 원시도량형 생성—單位辭 : 朋, 卣, 丙, 升, 屯, 乙
(殷墟甲骨刻辭에 나타남)

② 殷商시기 부류 분류사 생성—반복소 : 羌百羌, 玉十玉, 人有十人
(殷墟卜辭에 나타남)

③ 周秦, 兩漢시기분류사 발전 — 도량형 분류사의 발전, 부류분류사의 생성
　　　　　　　　　　　　　일반 분류사의 발달, '수사-분류사-명사'
　　　　　　　　　　　　　구조의 생성

④ 魏晉南北朝시기 분류사 문법화의 초보적 완성 — 분류사 범주의 문법화
　　　　　　　　　　　　　형성
　　　　　　　　　　　　　'수사-명사'의 구조에서 분류사 사용의 강
　　　　　　　　　　　　　제성

　첫째 단계인 상고 시기 甲骨刻辭에 나타난 도량형 단위는 6개로 '卣, 升'은 술을 담아 세는 단위이고 '朋'은 화폐단위이며 '丙'은 여러 필의 말이 하나의 차를 끌 때의 말을 세는 단위라고 한다. 이 유형에 대하여 학자들은 '單位詞'라기도 하고 '명사'라기도 하는데 아무튼 '셈을 세기 위한 단위'임은 분명하다는 것이다.

　둘째 단계인 殷商시기에는 반복소(repeater)[8]의 형식으로, 명사가 수량 구조에서 수사의 앞뒤에 반복되어 나타나는데 이 때 수사 뒤의 명사는 앞의 명사와 동격으로 어휘적 성격을 갖지만 분류사의 기능도 가지는 것으로 비록 진정한 의미에서의 분류사는 아니지만 어느 정도는 문법화가 이루어졌다고 본다. '羌百羌'에서 '羌'은 方나라의 이름이기도 하고 '희생품인 포로'의 뜻도 있어 '羌百羌'이라는 수량구조로 재물의 통계를 나타내고 있는데 여기서 '羌'은 인력자원에 해당된다고 한다.

　셋째 단계인 周秦, 兩漢시기는 도량형 분류사가 구전해진 시기이다. 춘추전국시기에서 진나라의 통일까지는 도량형제도가 세워지고 발달된 시기로 여러 가지 도량형 분류사가 형성되게 되었다. 한편 부류 분류사

---

8) 중국어로는 '回響型', '反響型', '拷貝(카피)型' 등 분류사로 불린다.

들이 새로 생겼고 先秦시기 문헌에는 더 이상 반복소의 분류사가 나타나지 않고 '인칭명사-수사-人'과 같은 구조(冠者五六人)가 나타나고 있으며 같은 구조로 '馬-수사-匹'이나 '車-수사-乘' 등 예들을 흔히 볼 수 있다. 그리고 꽤 많은 수량의 다양한 분류사들이 사용되고 있음을 볼 수 있는데 "左傳"에서는 29개의 부류분류사가 발견되며 "呂氏春秋"에서는 21개의 분류사가 나타난다고 한다. 중요한 것은 이 시기 현대 중국어의 수분류사 구성인 '수사-분류사-명사' 구성이 생겼다는 것이다.

넷째 단계인 魏晉南北朝시기는 분류사의 문법화가 초보적으로 완성된 시기라고 하면서 다음과 같은 네 가지 근거를 들고 있다. 그 하나는 분류사의 양이 대폭 늘어 현대 중국어에서 통용되는 분류사의 3분의 1 이상의 분류사가 그 때 당시 사용되었다는 것을 문헌자료를 통하여 밝히고 있다. 다른 하나는 분류사의 하위 종류인 여러 종류의 분류사들이 형성되어 부류 분류사를 주축으로 하는 분류사의 체계가 이루어졌다는 것이다. 또 다른 하나는 분류사에 대한 사용자들의 공통된 인식으로, 분류사가 없는 수량구조에 대해서 비문으로 인식한다는 것이다. 마지막으로 현대 중국어 수분류사 구성이 '수사-분류사-명사'의 어순으로 고정되었다는 것이다. 이 시기 사용된 명사 부류분류사가 210개로 그 중 '수사-분류사-명사'의 구성에 들어갈 수 있는 분류사가 반을 차지하는 103개이며 그 가운데서 부류분류사가 63개나 된다는 수자적 통계를 보이고 있으며 또한 이 시기는 '수사-분류사-명사'의 구성의 사용이 더 이상 문체나 題材의 제약 없이 보편적으로 사용되었다는 것이다.

그 밖에 중국어의 개별적인 부류 분류사의 문법화를 다룬 연구로 金福芬, 陳國華(2002 : 9-13)가 있다. 이 연구에서는 분류사 범주의 문법화 과정을 구조에 따라 반복소구조의 시기, 반복소구조부터 분류사구조로의 과도시기, 분류사가 핵명사의 앞에 위치하는 구조가 생성된 시기, 분류사 구조의 확립화 시기 등으로 나누고 있으며 부류 분류사 중 '張', '條', '枚', '个'를 대표적으로 다루고 있다.

이 면에서 한국 학계의 연구를 보면, 한국어에서의 분류사의 역할 등으로 말미암아 분류사 범주의 문법화에 대한 연구는 미흡한 것 같다. 즉 분류사의 발달과정이나 분류사구성의 변화시기와 같은 것들이 아직 밝혀지지 않고 있다. 다만 개별적인 부류분류사의 문법화를 다룬 김선효 (2005)에서는 한국어의 분류사를 문법화의 정도에 따라 전형적 분류사 '개(個), 마리' 등과 같은 제1유형, 준분류사 '가락, 되, 홉, 마지기' 등의 제2유형, 명사 '사람, 학생' 등의 제3유형으로 구분하고 대표적으로 '마리'와 '가락'의 문법화를 다루고 있다. 한편 분류사에 대한 통시적 연구인 채완(1982)에서는 數量詞句는 통시적으로 '명사-수사'의 구성에서 '명사-수사-명사'구성으로 발전하고 다시 뒤의 명사가 분류사로 변하여 '명사-수사-분류사'의 구성이 이루어졌음을 밝히었다.

4. 맺음말

지금까지 논의를 요약해보면, 分類詞 범주는 한국어와 중국어에서 양적 분포, 기능적 특성, 문법화 등 면에서 차이가 있어 개별적인 언어에서의 역할이 다르게 나타나는 양상을 보이고 있다. 우선 분류사의 범주적인 차원에서, 양적 분포를 보면, 한국어에는 많아서 298개의 항목(임홍빈(1991b))으로 다루어지는데 반하여 중국어에서는 892개 항목(劉子平 (1996))의 분류사가 다루어지고 있는데 중국어의 분류사가 한국어의 분류사보다 양적으로 더 많은 분포를 보이고 있어 한국어에서의 분류사 범주의 기능보다 중국어에서의 분류사 범주의 기능이 더 클 수 있다는 것을 말해준다. 다음, 현대 중국어에서 수 분류사 구성은 '수사-분류사-명사'이며 그 중 분류사는 불가결의 요소로 사용상 강제성을 띠게 되며 필수적이지만 한국어의 수 분류사 구성에서 유표지의 전형적인 유형은 '명사-수관형사-분류사'이며 '수관형사-분류사(의)-명사'의 구성도 가능하다. 그런가하면 분류사가 없이도 수량을 나타낼 수 있어 '명사-수사'나 '수관형사-명사'의 수량 구성이 가능하게 되는데 이는 한국어의 분류사는 수량사구에서 필수적이 아님을 말해 준다. 그리고 중국어의 분류사 범주의 문법화가 이루어진 시기는 현대 중국어에서의 수 분류사 구성 즉 '수사-분류사-명사'의 구성이 고정된 시기로 대체로 魏晉南北朝시기가 되는데 한국어에서는 분류사의 지위 등으로 말미암아 범주적인 차원에서 분류사의 문법화에 대한 연구가 미흡하다보니 분류사의 발달과정과 같은 것들이 밝혀지지 않고 있다.

본고에서는 한국어와 중국어의 분류사에 대하여 일반적인 성격을 대조함과 동시에 한국어 분류사 설정의 기준의 한가지로 반복구성의 형성 여부를 제기하였다. 즉 부류 분류사의 반복구성으로 '매 하나' 혹은 '많은', '모두'의 뜻을 나타내는 것이 언어의 유형론적 특징이라면 한국어에서도 반복구성으로 '매 하나' 또는 '모든'의 의미로 쓰일 수 있는지 여부가 분류사와 명사를 구분하는 기준으로 될 수도 있다는 것이다. 단 본고에서는 문제의 제기에 그쳤고 향후 자료적인 검토, 분류사의 성격, 기능 등을 통하여 그 기제를 밝히는 작업이 필요할 것으로 보인다.

유형론적으로 분류사 언어에 속하는 한국어와 중국어의 분류사에 대한 대조 연구는 개별 언어에서의 깊이 있는 선행 연구를 전제로 해야만 언어 유형론적 보편성을 찾는데 기여할 수 있는 연구도 가능하게 될 것이다.

참고문헌

강보유(2000), 『15세기 한국어의 관형구조 연구』, 태학사.

강은국(2008), 『남북한의 문법 연구』, 박이정.

강창석(2009), 「국어의 수량 표현 문법 I – 개념과 용어의 문제를 중심으로」, 『인문학지』 39, 충북대.

고영근, 남기심(1985), 『표준 국어 문법론』, 탑 출판사.

곽일성(2004), 「중조 수량 표현에 대한 비교 연구」, 『중국조선어문』, 길림성민족사무위원회.

곽추문(1996), 한국어 분류사 연구, 성균관대학교 박사학위논문.

고영근·구본관(2009), 『우리말 문법론』, 집문당.

구본관(2010), 「국어 품사 분류와 관련한 몇 가지 문제」, 『형태론』 12-2, 형태론연구회.

김광해(2008), 『문법현상과 교육』, 도서출판 박이정.

김석득(1992), 『우리말 형태론』, 탑출판사.

김선효(2005), 「국어의 분류사와 문법화」, 『한국어학』 27, 한국어학회, pp.107-123.

김영근(2000), 『국어 수량사 연구』, 문창사.

김영희(1976), 「한국어 수량화 구문의 분석」, 『언어』 제1권 제2호, pp.89-112.

김영희(1984), 『한국어 셈숱화 구문의 통사론』, 탑출판사.

김원경(2007), 「피동은 문법범주인가」, 『한국어학』 35, pp.219-241.

김인균(2005), 「한국어와 중국어의 수량 표현」, 『시학과 언어학』 제9호, 시학과 언어학회, pp.151-176.

김의수(2004), 『한국어의 격과 의미역』, 태학사.

권재일(1991), 「한국어 문법 범주에 대한 언어유형론적인 연구」, 『언어학』 13, 한국 언어학회.

_____(2000), 『한국어 통사론』, 민음사.

김정숙 외(2005), 『외국인을 위한 한국어 문법 2』, 커뮤니케이션북스.

김지홍(1994), 「수량사를 가진 명사구의 논항구조」, 『배달말』 19, 배달말학회, pp.1-48.

김진우(1999), 『認知言語學의 理解』, 한국문화사.

박금자(1985), 「國語의 量化詞 硏究-의미해석을 중심으로-」, 서울대학교 석사학위 논문.

박영순(1985), 『한국어 통사론』, 집문당.

박진호(2011), 「시제, 상, 양태」, 『국어학』 60, 국어학회, pp.289-322.

박진호(2011), 「소유 분류사와 한국어의 속격 표지」, 유형론연구회제4회연구발표회 자료집(2011.07).

박철우(1990), 「한국어 수량 표현의 의미에 관한 연구」, 서울대학교 석사학위논문.

_____(2012), 「양화사와 의미」, 『한국어 의미학』 39, 한국어의미학회, pp.1-23.

成光秀(1976), 「국어의 간접피동에 대하여」, 『문법연구』 3, pp.159-182.

서정수(1996), 『국어문법』, 서울 : 한양대출판원.

송철의(1992), 『國語의 派生語形成 硏究』, 태학사.

시정곤(2000), 「국어 수량사구의 통사구조」, 『언어』 25-1, 한국언어학회, pp.73-101.

신호철·이현희(2009), 한국어 수량 구성의 유형과 특징, 『문법교육』 11, 한국 문법 교육학회, pp.201-227.

양해승(2014), 「한국어의 주관량(主觀量, Subjective Quantity) 표현 연구」, 『국어학』 71, 국어학회, pp.127-188.

연재훈(2011), 『한국어 구문 유형론』, 태학사.

우형식(2000), 수 분류사의 특징과 한국어 분류사, 『언어과학』 7-2, pp.127-146.

우형식(2001), 『한국어 분류사의 범주화 기능 연구』, 도서출판 박이정.

유동준(1983), 「국어 분류사의 수량화」, 『국어국문학』 89, 국어국문학회, pp.53-72.

이경·한영목(2010), 「한국어 분류사와 중국어 양사 대비 연구」, 충남대학교 석사학 위논문.

이병근(1986), 「國語辭典과 派生語」, 『語學硏究(서울대)』 제22권 제3호, pp.389-408.

이병근(2000), 『한국어 사전의 역사와 방향』, 태학사.

이숭녕(1968), 『문법』, 을유문화사.

이영남(2011), 「한국어 분류사와 중국어 양사의 대조 연구」, 부산외국어대학교 석사
　　학위논문.

이영헌(1984), 『양화사의 의미표시와 해석』, 한신문화사.

이익섭(1973), 「국어 수량사구의 통사 기능에 대하여」, 『어학연구』 9 : 1, 서울대어
　　학연구소.

이익섭 · 채완(2000), 『국어 문법론 강의』, 학연사.

이홍식(1991), 「피동과 피동구문」, 『주시경 학보』 8, 탑출판사, pp.113-118.

임동훈(1991), 현대국어 형식명사 연구, 『국어연구』 103.

임홍빈(1983), 『국어의 통사 · 의미론』, 탑출판사.

임홍빈(1991a/1998), 「국어 분류사의 성격에 대하여」, 『국어문법의 심층』 3, 태학사.

임홍빈(1991b), 「국어 분류사의 변별 기준에 대하여」, 『석정 이승욱 선생 회갑 기념
　　논총』 I, 간행위원회.

임홍빈 · 장소원(2000), 『국어문법론』, 한국방송대학교출판부.

우인혜(1997), 『우리말 피동 연구』, 한국문화사.

진려봉(2011), 「수 분류사의 범주에 대한 고찰」, 국어학회제38회 전국학술대회 발
　　표자료집(2011.12).

진봉매(2010), 「한 · 중 분류사 및 수량 표현구의 대비 연구」, 아주대학교 석사학위
　　논문.

채옥자(2012), 「한국어의 동작이나 사건의 횟수를 세는 동작단위사에 대하여」, 『국
　　어학』 64, 국어학회, pp.301-325.

채옥자(2013), 「한국어의 수량범주와 그 표현양상」, 『국어학』 68, 국어학회, pp.225-
　　251.

채옥자(2014a), 「한국어 문법의 의미론적 범주」, 『어문연구』 163, 한국어문교육연구
　　회, pp.7-27.

채옥자(2014b), 「한국어 주관적 수량 표현에 대하여」, 『한국어 의미학』 46, 한국어
　　의미학회, pp.351-377.

채 완(1982), 「국어 수량사구의 통시적 고찰 : 어순변화의 일례로서」, 『진단학보』
　　53 · 54, 진단학회, pp.155-170.

채 완(1983), 「국어 수사 및 수량사구의 유형적 고찰」, 『어학연구』 19 : 1, 서울대어
　　학연구소.

채 완(1990), 「국어 분류사의 기능과 의미」, 『진단학보』 70.

채 완(2001), 「수의 표현과 의미」, 『한국어 의미학』 8, pp.109-132.

최현배(1946), 『우리말본』, 정음사.

홍사만(2002), 『국어 특수조사 신연구』, 역락.

홍종선(1990), 『국어 체언화구문의 연구』, 고려대민족문화연구소.

프리드리히웅거러 · 한스-요르그슈미트(임지룡 · 김동환 옮김)(2011), 『인지언어학 개
   론』, 태학사.

아리스토텔레스(김진성 역주 2008), 『오르가논 범주들 · 명제에 관하여』, 이제이북스.

呂叔湘(1942), 『中國文法要略』, 商務印書館.

陸儉明(2010), 『漢語語法語義研究新探索』, 商務印書館.

邵敬敏(2007), 『漢語語義語法論集』, 上海敎育出版社.

胡明揚(1992), 「再論語法形式和語法意義」, 『中國語文』 第5期.

馬慶株(1998), 『漢語語義語法范疇問題』, 北京語言文化大學出版社.

李宇明(2000), 『漢語量範疇研究』, 華中師範大學出版社(중국).

李宇明(2000), 拷貝型量詞及其在漢藏語系量詞發展中的地位, 中國語文第1期

李善熙(2003), 「漢語主觀量的表達硏究」, 中國社會科學院 박사학위논문.

李知恩(2011), 量詞的跨語言硏究, 北京大學博士學位論文.

羅榮華(2010), 「主觀量相關問題探討」, 『寧夏大學學報(人文社會科學版)』 第32卷 第5期,
   pp.34-39.

羅榮華(2012), 『古代漢語主觀量表達研究』, 中國社會科學出版社.

金珍我(2002), 漢語与韓語量詞比較, 世界漢語教學 第2期.

戴慶廈, 蔣穎(2005), 論藏緬語的反響型名量詞, 中央民族大學學報第2期.

司馬翎((Rint Sybesma 2007), 北方方言和粵語中名詞的可數標記, 『語言學論叢』 第三十五
   輯：北京 商務印書館.

安豊存·安豊科(2011), 漢語量詞"匹"詞源及語法化分析, 東疆學刊第28卷第3期.

貝羅貝(1998), 上古、中古漢語量詞的歷史發展, 語言學論叢, 第二十一輯北京商務印書館.

高名凱(1948), 『漢語語法論』, 開明書店.

郭紹虞(1951), 『數位詞的分析与其詞例』, 商務印書館戴慶廈, 蔣穎(2005), 論藏緬語的反響型
   名量詞, 中央民族大學學報第2期.

郭銳(2002), 『現代漢語詞類研究』, 北京：商務印書館.

黃載君(1964), 從甲文、金文量詞的應用, 考察漢語量詞的起源于發展, 中國語文第6期.

金福芬·陳國華(2002), 漢語量詞的語法化, 清華大學學報, 第17卷.

黎錦熙、劉世儒(1978年),『論現代漢語中的量詞』, 商務印書館.

劉丹靑(1988), 漢語量詞的宏觀分析[J], 漢語學習4：5-7.

劉丹靑(2002), 漢語類指成分的語義屬性和句法屬性,『中國語文』第5期.

劉世儒(1961), 魏晋南北朝个体量詞研究, 中國語文第10期, 第11期.

劉街生(2003), 現代漢語動量詞的語義特徵分析,[J].語言研究,2003年2期.

馬建忠(1898),『馬氏文通, 商務印書館.

沈家煊(1994), "語法化"研究綜觀[J].外語教學与研究, 4.

沈家煊(1995), "有界"與"無界",《中國語文》1995年第5期.

史金生·胡曉萍(2004), 動量副詞的類別及其選擇性, 語文研究 2004年2期.

石毓智·李訥(2001),『漢語語法化的歷程』, 北京：北京大學出版社.

王力(1955),『中國現代語法』, 中華書局.

王力(1984),『中國語法理論』, 山東教育出版社.

王力(1989),『漢語語法史』, 商務印書館.

王紹新(2010), 漢語史上名量詞語法化問題, 陝西師范大學學報第39卷第3期.

吳福祥·馮胜利·黃正德(2006), 漢語"數＋量＋名"格式的來源[J].中國語文第4期：387.

張斌(2009),『現代漢語描寫語法』, 北京：商務印書館.

張世祿(1940),『中國文法革新論叢』,商務印書館.

朱景松(1998), 動詞重疊式的語法意義,《中國語文》1998年第5期.

胡裕樹(1994), 漢語語法研究的回顧与展望[J].『夏旦學報』.

陳小荷(1994), 主觀量問題初探,『世界漢語教學』, 第四期(總第30期), 57-65.

Lokoff, George(1987), Women, fire, and dangerous things; What categories reveal about the mind, University of Chicago Press.(이기우 옮김, 1994, 「인지 의 미론」, 한국문화사.)

Oh, J.-K(1971), Aspects of Korean Syntax. Doctoral dissertation. University of Hawaii.

Song, S.-J(1967), Some Transformational Roles in Korean. Doctoral dissertation. Indiana Univ.

Palmer, F. R.(1979/1995), *Modality and the English Modals(second edition)*, Longman.

찾아보기

채옥자

중국 요녕성 단동 출생(1963)
연변대학 조선어학과 졸업(1985)
연변대학 조선어학과 문학석사(1989)
서울대학교 국어국문학과 문학박사(2002)
국립국어원 연구원(2002~2004)
서울대학교 규장각한국학연구원 객원연구원(2010)
복단대학교 한국어학과 교수(2004~현재)

논저

『중국연변지역 조선어의 음운연구』(2005)
「중국연변지역어의 활음화에 대하여」(1999)
「중국연변지역어의 움라우트현상」(2000)
「한국어 단어와 중국조선어 단어의 어휘 대조적 연구」(2002)
「함경북도 북부지역어의 음운탈락에 대하여」(2002)
「중국연변 지역어의 부사형 어미 '-아 / -어'에 대하여」(2003)
「한국 한자어와 중국현대한어 어휘의 비교 연구」(2004)
「'-적'에 대한 한국어와 중국어의 대비」(2004)
「한국어의 동작이나 일의 횟수를 세는 단위사에 대하여」(2012)
「한국어의 수량범주와 그 표현양상」(2013)
「한국어 문법의 의미론적 범주」(2014)
「한국어 주관적 수량 표현에 대하여」(2014)

한국어 수량 표현 연구

초판 1쇄 인쇄 2014년 11월 10일
초판 1쇄 발행 2014년 11월 20일

지은이 채옥자
펴낸이 이대현
편 집 박선주
디자인 이홍주

펴낸곳 도서출판 역락
등 록 1999년 4월 19일 제303-2002-000014호

주   소 서울시 서초구 동광로 46길 6-6(문창빌딩 2F)
전   화 02-3409-2058(영업부), 2060(편집부)
팩시밀리 02-3409-2059
e-mail youkrack@hanmail.net

정가 11,000원
ISBN 979-11-5686-130-0 93710

*파본은 구입처에서 바꿔 드립니다.

역락 블로그 http://blog.naver.com/youkrack3888